幼儿园教师
成长手册

上海市中小学（幼儿园）课程教材改革委员会办公室　组编

华东师范大学出版社

·上海·

图书在版编目（CIP）数据

幼儿园教师成长手册/上海市中小学（幼儿园）课程教材
改革委员会办公室组编. —上海：华东师范大学出版社，
2008

ISBN 978 - 7 - 5617 - 6562 - 3

Ⅰ. 幼…　Ⅱ. 上…　Ⅲ. 幼教人员－师资培养－手册
Ⅳ. G615 - 62

中国版本图书馆 CIP 数据核字（2008）第 196630 号

幼儿园教师成长手册

组　　编　上海市中小学（幼儿园）课程教材改革委员会办公室
责任编辑　曹利群　赵建军
审读编辑　陈飒飒
责任校对　邱红穗
装帧设计　卢晓红

出版发行　华东师范大学出版社
社　　址　上海市中山北路 3663 号　邮编 200062
电话总机　021 - 62450163 转各部门　行政传真 021 - 62572105
客服电话　021 - 62865537（兼传真）
门市（邮购）电话　021 - 62869887
门市地址　上海市中山北路 3663 号华东师范大学校内先锋路口
网　　址　www.ecnupress.com.cn

印刷者　常熟高专印刷有限公司
开　　本　787×1092　16 开
印　　张　12.25
字　　数　185 千字
版　　次　2009 年 6 月第 1 版
印　　次　2022 年 8 月第 13 次
印　　数　43201—45300
书　　号　ISBN 978-7-5617-6562-3/G · 3822
定　　价　29.00 元

出 版 人　王　焰

序

　　教育是一门艺术，从事这门艺术的是教师。学前教育更是一门艺术，因为它所面对的是还不能正确表达意愿、不能很好控制自己情绪的娃娃，以及深爱着娃娃的家人。精通这门艺术需要教师热爱这门艺术，了解这门艺术所针对的不同对象，掌握这门艺术的技巧，并不断反思，积累经验，沉着应对。编制这本《幼儿园教师成长手册》是想为幼儿园教师的专业成长搭设一个阶梯；想为刚刚开始从事学前教育工作的、想急切了解掌握在先进教育理念指导下的幼儿园教育工作要求的新教师提供帮助；想为那些从事这项工作尝到乐趣，并全力以赴去追求精通的人提供支持，以适应本市幼儿园教师队伍不断拓展的需要，进一步推进本市学前教育课程改革的发展。

　　本手册的每一条指标都建立在这样一个理念的基础上，即教育是为了促进每个幼儿在原有基础上的发展，而提高学前教育质量的主体是教师，教师的专业发展是提高学前教育质量的关键。于是，以幼儿发展为本、以教师专业发展为本成为本手册贯穿始终的主线。

　　本手册于两年前由市教委委托华东师范大学学前教育专业的教授们领衔研究，他们组成了一个团队，对国内外的幼儿园专业要求作了比较分析，汲取了他们立足于幼儿发展、操作性强的特点。同时，本市多年在教育实践第一线的骨干教师加入，参与指标的编写，提供丰富的小贴士与案例，并结合教育实践中的试行，使这本手册具有了鲜活性和可操作性。在此，十分感谢为这本手册作出努力的研究人员以及参与编写与实践论证的幼儿园教师。

　　教育充满了创新，因为在实施教育的过程中，每个教育对象不同，所处的环境不同，社会对人培养的要求不同。人们常说：教无定法，就是对这个充满挑战事业的概括。我们希望通过这本手册的编制，使得在学前教育第一线的教师能更关注幼儿，关注自己的教育行为，关注自己的专业发展，同时提供更多更好的经验与大家分享。

上海市中小学（幼儿园）课程教材改革委员会办公室
2009 年 4 月

代前言：

让《幼儿园教师成长手册》成为幼儿园教师专业发展的阶梯与桥梁①

　　幼儿园教师应扮演什么角色？承担哪些职责？为胜任这些职责，幼儿园教师应具备什么样的素质结构？幼儿园教师在不同的专业发展阶段应确立什么样的发展目标？当前关于这些问题还停留于若干研究者的理论探讨，专业界中的各方对于这些问题仍各执一词，甚至缺乏最基本的共识。

　　一方面，理论界和研究者批评学前教育领域对教师角色和形象的设想理念落后，将幼儿园教师的职责重点放在看护照料和带领孩子唱唱歌跳跳舞上，或者组织正式的分科教学活动上，并未跟随学前教育领域的改革，构思新的教师角色和形象——在研究幼儿的基础上，满足他们身心全面健康发展的需求，支持幼儿的学习和探索。而另一方面，实践界批评从师范院校毕业的学生眼高手低，只会空谈理念，连唱歌跳舞这些幼儿园工作所需要的"基本技能"都不会，也不知怎样带班、怎样上课，更谈不上适应幼儿园改革和科研的需求。也有一些人出于避免教师职业倦怠的考虑，又提出减少幼儿园教师某些职责（如研究）的论点。

　　这种莫衷一是给幼儿园教师职前培养和职后培训的任务设定、聘任、专业发展方向的确定均带来相当大的困难。如课程设置中将"艺体能力"与"专业能力"对立起来谈，不同层次的培养机构分别培养"研究型"教师与"应用型"教师，甚至有"订单式培养"的教师教育主张②，把学前教育的专业特征抛在一边，

---

① 本文原载于《学前教育研究》2007 年第 7—8 期，原标题为"上海市幼儿园教师专业发展自我评价体系研制简介——构建幼儿园教师专业标准的尝试"。

② 刘云艳、杨晓萍：《争鸣·反思·建构·超越——第四届全国高校学前教育专业联谊会综述》，《幼儿教育》（教育科学版），2007 年第 4 期，第 52 页。

完全随着良莠混杂的就业市场跑，这些都会损害学前教育事业的发展。在第四届全国高等师范院校学前教育专业联谊会上，已经有学者提出应研究培养目标的共性特征和最低标准。① 的确，在学前教育界澄清关于幼儿园教师的基本职责及其标准的"主流价值"，看来是当务之急。这种专业标准，不仅"可以给本专业的成员建立一套专业行为准则，作为成员在遇到和处理事情时的指引，从而维持一定的专业水准"②，同时，也能给教师教育课程设置提供参照。正如有学者指出的那样："首先要加强幼儿园教师专业标准的制订，其次才是学前教育专业课程标准的制订和具体课程的设置。"③ 而详细描述教师应尽职责及尽责的应有表现的教师自评体系就是这种专业标准的一种最好体现。

一、以教师自评体系协助教师专业发展

学前教育领域的教师评价体系并不少见，如用于幼儿园教师职称评定和优秀教师选拔的标准体系，但是这些标准的制订往往从方便管理的角度出发，列出一些行政上可操作的指标，旨在对教师的履职情况和绩效进行外部评价，并不围绕保障和促进幼儿发展详细描述教师应尽的职责及尽责的应有表现，从而给专业工作者建立一套专业的行为准则，因此，不足以作为专业标准，给教师的专业发展以规范和指导。

近年来，与教师日常教育过程并行的教师自我评价开始被视为教师职前培养和职后培训之外的第三种促进教师专业发展的重要机制，甚至被视为更长效的促进教师专业发展的机制。④ 人们日益意识到，教师专业水平的不断发展，更多地依靠教师在教育教学实践中的自我锤炼，教师需要在自我反思、自我评价中实现自身的专业发展。从教育评价的角度看，这体现了"发展性评价"的思想。

---

① 刘云艳、杨晓萍：《争鸣·反思·建构·超越——第四届全国高校学前教育专业联谊会综述》，《幼儿教育》（教育科学版），2007 年第 4 期，第 53 页。
② 丽莲·凯茨著，廖凤瑞译：《与幼儿教师对话——迈向专业成长之路》，南京师范大学出版社，2004 年，第 187 页。
③ 刘云艳、杨晓萍：《争鸣·反思·建构·超越——第四届全国高校学前教育专业联谊会综述》，《幼儿教育》（教育科学版），2007 年第 4 期，第 53 页。
④ 王俭：《教师专业化发展与教师自我评价》，《高等师范教育研究》，2002 年 14 卷第 2 期，第 27 页。

但是，倡导教师的自我反思和评价，并不排斥外界的帮助，恰恰相反，专业界应该采取一些措施，帮助和鼓励教师进行有条理的自我评价并支持其改进。从维持工作的专业水准出发，制订自我评价体系，促进他们客观地评价自己，给教师的反思提供一个支撑点，是一个有意义的途径，但实际上这种体系十分缺乏。①

在学前教育领域，近年来已经有学者和幼儿园从帮助教师反思和专业发展的角度，在编订幼儿园教师自我评价体系方面做了有益的探索和尝试。② "上海市幼儿园教师专业发展自我评价体系"的研制也是出于同样的目的发起的，特别是为某些新任教师的在岗学习和入职辅导提供支撑，以弥补他们职前教育的不足，同时还试图为教师持续的专业发展指明道路。

因此，这样一个体系既要澄清在上海的幼儿园工作系统中，为保障群体幼儿的健康、安全和学习需求，教师应承担哪些工作职责、相对的侧重点以及各领域的工作基本水准，帮助教师明确职责及胜任的表现，促进他们快速适应幼儿园工作的基本要求；也要澄清为更好地促进每个儿童的发展，增进自己和整个专业共同体的专业性，教师在各个工作领域应该进一步追求的水平。

评价体系所指向的"专业发展"，聚焦于教师与幼儿互动和创设、利用各种机会支持幼儿发展和自我专业发展的能力上，即保育、教育上的能力表现，而不是教师与其他行业从业者共同的"普通"素养，如语言表达能力、行为举止、一般道德等；或者教师在专门内容领域上的知识和能力，如关于自然、社会和艺术等某个领域的知识和能力，这些素质领域被视为专业能力的"背景"。教师在这些方面的素养并非不重要，也很难空洞地、脱离情境地衡量它们与教育素养和能力的相对重要性。③ 但是，教师的普通素养和专门领域知识必须具体应用到"教师"的教育工作中去，化为儿童能体验到的东西，对于教师这个角色才有意义。因此，本体系直接把重心放在教师实际的教育能力上。

---

① 王俭：《教师专业化发展与教师自我评价》，《高等师范教育研究》，2002 年 14 卷第 2 期，第 30 页。
② 如中央教育科学研究所幼教室编写的《幼儿教育自我评价指导手册》中的教师自我评价问卷，郑美玲主编的《幼儿园教师评估手册》（上海科学技术出版社 1996 年）。
③ 在笔者看来，不能脱离情境比较艺体技能与专业精神、教育能力、自学与研究能力对于幼儿园教师的角色哪个更重要。在完成不同任务的具体情境中，这些能力和态度可能有不同的优先次序，而且必然以结构化的方式共同发挥作用。

二、上海市幼儿园教师专业发展自评体系研制的指导思想

研制教师专业发展自评体系，必须澄清几个基本的问题：

1. 在幼儿园中，为了保障儿童的健康、安全、学习和发展，教师需要承担哪些方面的职责？个体教师在全面承担这些职责的基础上，是否可以在不同职责领域中各有发展的侧重，即不同教师在不同的领域有专长、有较高的胜任水平，使幼儿园逐渐达到高水平的分工、合作状态？

2. 评价体系中，教师的专业行为、专业知识和专业态度哪个作为核心的评价内容，更有助于帮助教师自我反思？在指标描述中，应如何处理专业知识、专业态度与专业行为表现之间的关系？

3. 教师的专业发展既然是个持续的过程，要经历若干阶段，那么，对不同教师的专业要求只做量上的区别，还是针对处于不同发展阶段的教师最关心、最迫切解决的不同领域的问题，提出有"质"的差异的专业要求？

对于第一个问题，我们认为，由于幼儿园教育的特殊性，专业的幼儿园教师必须承担多种角色和职责，他们不仅对于儿童在园期间的直接保教负有责任，特别是要把保育和教育两大类职责结合在一起，而且对帮助和支持家长负有责任，这是一种间接保教的责任；如果从增进幼儿福利和发展这一更广阔的视野出发，幼教行业要达到较高的专业水准，教师除了胜任现有的保教工作之外，还有责任进一步保障和促进自己的专业发展，甚至有责任为整个专业领域的专业化做出努力。鉴于此，在专业发展的自评体系中，我们以保障和促进儿童的身心健康和发展为核心，尽可能全面地罗列教师的职责范围，力争使评价体系的指标涵盖所有影响儿童全面均衡发展的因素。

因此，自评体系中不仅涉及影响儿童身体健康和认知发展的工作，还涉及影响儿童语言、自我意识、社会性、创造性、审美和表达等各方面发展的工作；不仅涉及教师组织的专门学习活动，还涉及教师在常规生活中与儿童的互动、环境的布置和创设、作息和活动规则的制订以及与家长的沟通和合作。此外，自评体系还包含了教师促进自身专业发展的一些要求。

同样由于幼儿园工作的特殊性，我们认为，每个幼儿园教师在完成基本职责上都必须是"多面手"，但是，要更好地为幼儿及其家庭提供高质量的、专业的

服务，同时又需要幼儿园教师有不同的专长，在一个高水平平台上分工合作。因此，在自评体系中，我们将新手教师的角色定位在"多面手"上，而将成熟教师的角色定位在不同领域的"专家"上，指导教师在较低水平的"多面手"的基础上，逐渐发展为在某方面达到较高水平的"专家"。

对于第二个问题，我们吸收了"表现评价"（performance assessment）的思想，尽可能直接用具体情境中的"工作表现"来阐述评价标准，而不是抽象地列举教师应有的精神、知识和能力。我们认为，将教师专业精神、专业知识及能力的价值取向和观念，化为在不同情境中他们应有的学习、工作和人际交往的表现，更贴近教师在幼儿园工作情境中的实际，最有助于他们将自己的行为与此相对照，引起认知上的冲突，激发他们反思，防止指标流于空洞。

但是，我们也明白，教师的劳动是创造性的，不能以过于具体的评价标准束缚教师丰富而多变的行动，更不能使他们的关注点仅仅停留在形式化地模仿标准所描述的行为上，而要启发他们进一步反思行为背后的原则和价值取向。因此，自评体系在罗列各情境工作表现的同时，还配有对指标和标准本身的解说，使教师了解标准背后涉及的有关儿童发展和教育目标的理论和价值取向，防止教师盲目地、刻板地行动。由此，以表现性的评价指标给教师搭建一个从实践到理论的"桥梁"，激发教师澄清和反思自己行动背后的"个人理论"，并进一步进行理论学习，甚至通过自己的实践修正已有的理论。

为了使教师真正地把自评体系的指标和标准当成是"反思"和"讨论"的平台，自评体系不以量化的评分表为评价的核心，而是针对每个领域提供一个帮助反思的"互动式"表单，一个空格供教师记录自己在该领域的表现案例，一个空格供教师对照评价标准分析自己是否有创造性的工作表现，甚至对标准提出疑义，还有一个空格供指导老师或同行对新教师的案例表现加以评论，也可以对标准提出疑义。

对于第三个问题，我们认为，教师要胜任多重角色需要较长的过程，对于不同发展阶段教师的工作表现期望，不仅要在程度上做区分，也要在性质上有所区别。单一的自我评价体系不足以满足这种需要，于是，在这种"阶梯意识"的指导下，我们针对不同的发展阶段教师最渴望解决的问题及发展愿景，试图制订两个甚至更多的自我评价体系，为教师持续的专业发展搭建一个阶梯，而不是空洞地在单一的体系中仅仅用"非常"、"在一定程度上"之类的字眼区分不同的工作水平。

根据对幼儿园教师专业发展阶段的研究，新手（求生）阶段、巩固阶段、更新阶段和成熟阶段的教师在专业发展上会有不同的关注点以及亟需解决的问题。限于研究的时限，目前我们先着手研制新手阶段和成熟阶段的教师专业发展自评体系。

对于新手教师，评价体系的大框架以上海市幼儿园的工作环节为基本框架，如：来园准备、来园接待、生活、运动、游戏、学习、离园工作、班级建设、家长工作、与同事的关系、案头工作及自我专业发展，希望使教师明确幼儿园工作的基本职责范围和工作流程。在各领域，特别注意围绕教师求生阶段的需求选取指标，描述基本的标准，如与幼儿及其家长建立相互信任的关系、较好地管理一个幼儿群体、保障幼儿的健康、安全和幼儿园日常工作顺畅进行、与同事建立良好的关系等问题，给教师尽快地适应幼儿园的工作以切实的指引，让他们获得一定的成就感，不仅防止这一阶段教师由于挫折感而离职，而且帮助他们进一步发展专业热忱，并为持续的专业发展打下良好的基础。

对于成熟阶段的教师，评价体系主要以幼儿各领域的发展目标为基本框架，如：增进幼儿的健康意识和养成健康生活方式、促进幼儿的人格健康与社会性发展、促进幼儿的感觉和运动能力发展、促进幼儿的认知能力发展、促进幼儿的语言能力发展、促进幼儿的美感和艺术表现能力的发展，也涉及与家庭和社区建立合作伙伴关系、整体上规划和实施课程、促进学前教育领域的专业化水准等这些专门的领域。在各领域，围绕深入研究儿童在该领域的学习和发展机制，全方位地规划课程以及个别化教育的途径，来选取指标和标准，指引教师围绕幼儿的发展反思自己的教育工作，反思自己的职业观念，引导成熟教师形成一定的研究意识和改革意识，产生提升本专业地位的愿望并致力于以各种方式推动本专业的发展（带徒弟、积极参与研究并发表研究成果、领导一个幼教机构的改革、积极参与和儿童发展有关的社会政策制订、积极在社会上宣传本专业的理想和实践），帮助经验丰富的教师走出固步自封的"发展停滞期"。

由于自评体系的目的不在于教师工作管理，不必与奖惩等外部政策挂钩，所以，我们围绕上述指导思想将它设计成一本有鲜明立场的专业指导手册，着眼于有的放矢地给教师的实践以切实的指导，而不是给他们贴一个终结性的标签，使它更有亲和力，能被教师真正接受和利用。因此，在形式上，我们也进行了一番思考，不仅有文字，也有花纹；不仅有评价标准，也有做法"小贴士"，围绕达到该标准可能遇到的困难提供一些建议，在文字上也力求简明易懂、通俗亲切。

三、通过达成共识的系统程序来构建和检视自评标准

如前文所述，制订幼儿教育的专业标准，是我国幼教界的当务之急，应引起所有业内人士的重视。但是，这种专业标准的制订却不容易，需要经历一个较长的系统过程。

因为制订专业标准，本质上是要确定教师的哪些工作表现直接或间接地影响着儿童的发展，肯定那些有利于儿童发展的表现，约束那些有害于儿童发展的表现，为幼儿园教师的工作确立一套基本的原则，这不仅要以关于儿童发展的影响因素研究为依据，还必然涉及有关儿童发展目标的价值取向。

但是，正如凯茨所说，由于幼儿发展的因果关系研究在技术上和伦理上存在一些难题，幼儿教育这个领域缺乏可靠的实证研究资料作为证据，这必然"造成幼教学者专家众说纷纭、意见林立"[1]。由此，她指出了制订专业标准的困难："我们有可能为幼教界找出一套特殊的知识、列出特殊而可遵循的原则，发展出一套最佳专业行为的准则，以作为专业行为的基础吗？事实上，我们并不清楚如何找出这些答案，该进行什么程序。"但同时，她建议了一个制订这类标准的可行程序："或许我们可以各自列出我们认为重要而值得的原则，然后大家一起以系统的方式来检视那些原则"，[2] 也就是展开一个广泛的研讨和达成共识的过程。美、德等国在制订专业标准时通常采取这样的过程。在我国，关于中国儿童发展的实证研究更少，因此，在制订专业标准时，采取这样一个过程更加必要。

"上海市幼儿园教师专业发展自评体系"研究小组在制订自评体系的过程中，试图采取这样的过程。在第一阶段，通过文献研究梳理关于幼儿园教师角色、教师专业发展、教师资格认定标准等方面的现有成果，明确制订自评体系的指导思想之后，在第二阶段，重新组织研究小组，吸收一线优秀教师、园长和教研员参

---

① 丽莲·凯茨著，廖凤瑞译：《与幼儿教师对话——迈向专业成长之路》，南京师范大学出版社，2004年，第220页。
② 同上书，第240页。

与研究。最初这样做仅仅出于使评价体系更贴近实际、防止过于理想化的考虑，但逐渐地，由业界各方人士组成的研究小组开始围绕一些具体的指标和标准开展讨论甚至争论，来自研究者和实践者的各种观点产生碰撞，我们不把这种争论视作消极的现象，而是试图在争论的基础上确定能够形成共识的若干标准，编订了自评体系的初稿。在第三阶段的研究中，我们通过各种途径吸纳上海幼教界更广泛的意见，使最终的自评体系真正成为专业界有一定公认度的标准。尽管这个研制的过程比仅通过文献研究或一定样本的调查更耗时，却十分重要，这一过程本身有助于促进专业界对一些具体问题的探讨，也有助于自评体系受到广泛的关注，进而得到接受和利用，而不是被束之高阁，以便通过它促进教师专业发展目的的实现。

也许，我国各地区均可以发起一个制订教师自我评价体系的研究过程，并在此基础上，制订全国性的学前教育专业标准，其目的不在于确定终极的、绝对正确的幼儿教育行动，而是为我国的专业界提供一个研讨和争论的平台，促进中国的学前教育向专业化方向发展。

郭良菁

2009 年 4 月

目录

新手教师专业发展自我评价体系

注：树形目录试图用一棵大树形象地暗示教师的不断成长，新手从最基本的根基出发，逐渐成长为枝繁叶茂的、内涵丰富的专业人士，同时根基也在不断地加深。因此，两个自评体系是一个整体，可以参照使用。树干和树枝位置并不意味着有些领域是主干，有些领域是枝节，相反，各领域有同等的重要性，而且相互之间有着千丝万缕的联系。

以儿童发展为中心

新手教师专业发展
自我评价体系

迈出你职业生涯的第一步

如果你刚刚走进幼儿教育的职业领域不久，你肯定不时地做着"自我评价"，想知道自己做的事是不是值得做的，想知道自己把值得做的事做得怎么样，给自己找到前进的路，也许你在这些方面都有一种不确定感，这个体系想帮助你找到方向，确立你在这个职业中的位置。

这个评价体系并不给你的表现打分，因为这种评价提供的信息太简单，对你的专业发展意义不大。它更像一个工作手册，但又与工作手册不同，它试图通过评价激发你思考专业问题：不仅仅让你刻板照做，还要求你检验自己做了之后效果如何，探询为什么要这样做。因此，它提供了一些互动式的活页表单，想为你搭建一个与师傅和同行交流的平台，一个对各种各样的实践进行反思的平台。它不想束缚你的手脚，相反，它只想将你"扶上马"，并且向着专业化的方向"送一程"，为你在专业舞台上大展身手提供一个"助推器"。

克服困难，品尝职场快乐

许多对于在职教师的研究表明，新入职时期是"求生期"，新手教师最关注如何赢得一群个性不同的幼儿的尊重与喜爱，如何与同事和家长建立相互信任、尊重的关系，这样才能在这个职业岗位上"生存"下来，不至于匆匆离开。

因此，这个体系首先围绕保障幼儿的安全和身心健康、适应幼儿园的工作要求，提示新手教师必须做哪些事，帮助你尽快地掌控与幼儿、与家长、与同事的关系，并取得最初的成就感，不至于遭受过分严重的挫折，使你的职业生涯有一个良好的开端；其次，也希望引导你从一开始就辨明未来的发展方向，使你在求生期不只是穷于应付，而是对自己的职业生涯有一个长远的眼光，把手头做的工作与你长远的发展目标联系起来看，一步一个脚印地探索幼儿教育这个广阔的领域，向专家型教师逐步迈进。

使用提示

作为新手教师，你可能会感到面临的问题太多，有太多的困惑，不知如何把握幼儿园教师这个角色。你可以先从目录的框架看起，它可以给你一根"主线"，帮你分析自己在哪些领域上有信心，在哪些领域上还摸不着头脑。你可以选择自己急需攻克的难关，而不一定在所有领域平均用力。

如果你觉得有些领域的评价指标太多了，难度不一，不知从何入手，一个办法，你可以寻找阶梯图标 ▪ ，这标志着该领域最基本的事项，你可以先确保自己已经把这些事作为工作习惯了，然后再去关注自己在其他指标上做得如何；还有一个办法，你可以在通读该领域指标的基础上，先选择一些自己经过适当努力就能达成的指标，作为自己专业成长的起点，然后再一步步拓展到其他指标。

如果你觉得有些评价指标依然原则性太强，没告诉你具体怎样做，你或许可以从"小贴士"和提供的案例中得到一些补充，希望它们对你更有亲和力，更贴近你的工作情境。

你可以把这个体系当作一个工作手册，一条条地对照着去做，但我们要提醒你的是，你不能只刻板地照着做而不去思考为什么要这样做，你必须不断观察自己的做法在幼儿身上收到的实际效果，据此积累有关幼儿的特征的经验，也积累有关自己行动策略的经验。

我们更提倡你把每个领域当成一个整体来看，阅读各领域开头所列的"关注的幼儿发展目标"或"关注的目标"，头脑中清醒地意识到为什么要按指标中所列的那样去处理事务。这样，你就会逐渐地把零散的、数量似乎很多的条目在心中组织成一个相互联系的做事"思路"，还会有创造性地灵活发挥，丰富或者修订当前的指标。

我们也提倡你利用这些指标和提供的案例，向你的师傅和同事讨教，把他们的看法与你的理解相比较，对幼教工作的复杂性获得更深入的理解。

你的起点一定是面对一个非常具体的情境，如处于某一地区、某一社区、某种条件的幼儿园的某一个年龄班，要解决某几个或某一个孩子的某个具体问题。因此，你可能会感到指标中提供的做法不针对你面前的孩子，没有提供解决的方法。也许这也是一个不完善的体系的长处，你不要仅仅把自己作为这个手册的"消费者"，而让自己也成为体系的建构者，补充书写你自己认为重要的指标。

试用教师的个性化使用方法

- 先全部浏览一遍，然后挑选出自己最迫切需要尝试的指标，或者根据自己所带班级的情况，对指标进行个人筛选，尝试其中的一部分，重新组织这个体系，做一个个人发展规划。

- 工作遇到问题时，去查阅相关领域的指标和贴士，这样才能真正对指标产生共鸣，因此，可以先从体系中介绍的各领域案例开始看，然后写自己的相关案例，再从案例返回到指标，分析体系中提供的解决问题的思路。

- 体系中的小贴士肯定是有限的，不必期望处理每个具体问题时都能找到相应的小贴士，即使找到也不一定完全适合自己的情况，如贴士中推荐的有些做法对于托班并不合适。所以，可以自己做个有心人，针对一些略显"含糊"的指标，观察师傅和周围同事的相关工作方法，丰富和积累自己的小贴士。

- 在我们的教研活动中，围绕一个个的领域请新老教师都提供自己的案例，大家一起讨论，在此基础上总结出自己幼儿园的自评指标和小贴士。

这本《手册》的编写不是为了"管理"教师而设定最低标准，而是为了"帮助"老师们寻找和规划自己专业发展的台阶，并提供有针对性的支持，使老师们在专业上不断"更上一层楼"。

因此，我们不赞成行政人员、教研员、园长或教研组长，简单化地使用这本《手册》——把指标化成教师考评标准，要求教师遵照标准工作，对教师的"达标"程度简单地打分和奖惩；"检查"教师的反思档案，简单地凭借档案的篇幅考评教师。

我们赞成行政人员、教研员、园长或教研组长利用这本《手册》，为老师们搭建一个个解读、讨论、质疑所列标准的平台，把死的文本变成鲜活的反思—研讨的过程体验。

我们的最终目的不是让老师们贯彻《手册》中的标准，而是借助这个平台帮助各位老师发现自己的长处和不足。

　　因此，如果你所在的幼儿园已经有了自己的新教师工作手册，与这个体系中的许多条目有重复，但是更加有针对性，你可以"择善而从"；如果你发现自己幼儿园的工作手册与这个体系中提倡的工作方法有冲突，或者你不同意这里所提供的案例中的某些做法，你可以围绕这些差异之处与同事进行讨论，这是我们更希望看到的情况，把参照标准评价自己的表现进一步引向深入，引向扩展自己的学习，引向反思标准本身，反思不同人头脑中不同的观念。请注意，所有的做法都是可以变通的，有益于幼儿才是我们共同的目标。

　　作为幼儿园教师，你一定会感受到来自各方的期望，因此也一定会感受到压力，对此的积极应对就是，自己给自己提期望，而且要具体而现实，如：怎样能让一个不爱理人的孩子开始向你打开心扉。当你达到这些期望时，再对自己提高标准。

　　现在就开始吧！

1. 班级建设

关注的幼儿发展目标

身体健康（生活卫生习惯）、人格和社会性发展（健康情绪状态、文明交往习惯的养成）。

赢得孩子们的喜爱，在孩子中树立威信，是新教师关心的头等大事。达到这一目标的基础是与孩子建立起良好的关系，并促使孩子之间在班级规则的基础上和谐共处。这种关系能让你赢得孩子的信任、爱和尊重，让他们感到你的指令和建议是有益于他们共同生活的，当然也有益于他们每个人，从而更愿意听从你的指令和建议；这种关系还能让每个孩子在这样一个集体中获得安全感、归属感，这是孩子喜欢呆在班中、投入地参与班中各种活动的前提，他们会更自信、放松地与你沟通，让你更深入地了解他们的喜怒哀乐；孩子们在感受你与他们交往的方式中，在旁观你处理他们之间冲突的过程中，也会了解并模仿你如何与他人交往。如果建立起这样一种人际气氛，可以保障一切事务顺畅地进行，减少由人际冲突带来的安全隐患，让幼儿安全、健康、快乐地在幼儿园生活。为此，你首先需要学习与幼儿的相处之道，把自己的角色定位在"孩子王"上，常常会收到意想不到的效果。

试试这样做

营造融洽的班级人际氛围

1. 真诚地关心、善待每个孩子，让孩子感受到你的关注和爱，对所有孩子公平对待，千万不要嘲笑、贬损或歧视某些孩子。

2. 调整自己的语速、音调、表达方式和身体姿势，使幼儿感到亲切，确保幼儿能够关注并理解你表达的意思。

3. 了解一些对幼儿的违规、对抗或其他任性行为的可能原因和适宜的应对方式，当这种情境出现时能冷静处理，不手足无措或乱发脾气。

4. 协助孩子建立友善的同伴关系，当孩子之间发生冲突时，先将孩子分开，然后充分了解原因，教孩子以恰当的方式与他人交往。

了解幼儿与沟通

5. 能在较短时间内了解和熟悉每个孩子，经常主动地、以幼儿接受的方式与每个孩子交往和对话，倾听幼儿的表达，关注幼儿的交往信号，并给予及时回应，让幼儿熟悉你、信任你、亲近你。

6. 寻找孩子经验中熟悉的、感兴趣的事物，与孩子沟通，并表现出你在这方面的长处，让幼儿佩服你。

7. 建立每个幼儿及其家庭状况的信息档案，用于了解幼儿的成长环境及某些特殊经历，但必须注意隐私保密。

建立班级常规

8. 了解并参与制订班级日常规则，坚持一贯，并与搭班老师始终保持一致。

9. 尽量采用正面引导的方式督促幼儿遵守规则，而且简单明确；重复强化那些积极的行为。

创设和维护有序有趣的日常环境

10. 给每个幼儿提供一个放私人物品的固定地方，并以明确的标志让每个幼儿了解。

11. 为幼儿（或与幼儿一起）布置教室，使环境温馨而有条理，让幼儿有安全感和放松感；使环境有童趣、可互动，让幼儿能玩得起来，并根据季节、节日或主题的变化而更新。

12. 在每个活动结束后观察幼儿整理物品和活动室的情况，在必要时督促和帮助幼儿，保持环境始终井然有序。

13. 让幼儿熟悉一日活动环节和常规，并将班级一日作息表和其他规则悬挂在幼儿能看到的地方，使幼儿有稳定感、安全感。▪️

注意日常安全防护

14. 时常检查并确保室内外活动区域无安全隐患（如：药、清洁剂、火柴、挂钩、破损家具的尖角、破损的金属玩具、热源等），了解安全设备（如灭火器）的位置并会使用。▪️

15. 请家长以书面的方式确认可以接幼儿回家的人员的名单，若临时有变化，与家长及时联络沟通。▪️

16. 了解并遵守园方照料生病幼儿的程序，不自行喂药，配合保健人员保留健康、用药和急救的记录。▪️

17. 将一些紧急电话（如消防、疾病控制中心、医院救护中心等）和家长的联络电话置于易找到的地方。▪️

18. 了解简单的急救知识和突发事件的处理程序，并严格执行。▪️

19. 通过使幼儿了解危及安全的事物和某些行为的后果，帮助幼儿树立自我保护的谨慎意识，学会在不了解事物的危险性时求助于老师。

小贴士

新生入园分离焦虑考验着教师的耐心、毅力，教师需要调节自己的情绪，找到合适的工作方法，才能减缓幼儿的焦虑。如：在幼儿入园前，安排机会让幼儿了解幼儿园的环境，教师也可进行家访，让幼儿在熟悉的环境中认识自己，并了解幼儿的喜好和习惯，利用这些信息布置班级环境和设计规则要求，减少他们的陌生感和恐惧感；在幼儿入园时，可以允许家长与孩子相处一段时间，并与孩子一起游戏，教师应与家长主动交谈，一方面减少家长的焦虑（这种焦虑也会感染孩子），指导家长用轻松、自然的语气与孩子道别，另一方面也让孩子感觉到家长与教师之间的亲密关系，建立对教师的信任感；对于哭泣的孩子，除了亲切、友善的安慰之外，还要通过让他做力所能及的事并对他的表现给予适时的赞扬（如夸奖他会自己搬椅子、会给别的小朋友拿勺子），或者引导幼儿做自己感兴趣的事（如到户外活动）等方式，让幼儿有一种参与感，觉得教师和同伴关注和接纳自己，从而尽快地消除孤独感。应避免让家长与孩子强迫分离、不理睬哭闹不止的孩子或给孩子空头许诺等做法。

🎁 仅在心里爱幼儿还不够，必须在行动上使幼儿感受到你喜爱他们。当然，要了解幼儿的交往习惯，特别在与幼儿最初的交往时，不要在刚一认识就对孩子过于亲昵，或强行拥抱一个不愿意让你拥抱的孩子；你可以对他们微笑，或蹲下来问候他们、与他们交谈，特别是在孩子"有求"（如提问或向你展示他感到自豪的作品）时要敏感地回应。

🎁 把幼儿看成一个有自己感情、想法的独立个体，关心他们的感受，倾听他们的意见，尊重他们的选择，理解他们的情绪、情感，分享他们的苦与乐，才是对幼儿更深层次的尊重。尽可能深入到幼儿群体中去，兴致勃勃地参与到他们发起的活动中去，与他们交流。

🎁 每个孩子的个性不同，对于退缩的孩子，你可以采取"慢热"的方式，坚持不懈但又自然地与他相处，在你们之间创设一个宽松的人际空间，积极地等待他向你敞开心扉；对于时常主动与你交往、好表现的孩子，你可以在赞赏他的同时，提出行为上的要求，如"如果你在老师与其他人说话的时候不打断我们，我会更喜欢你"。如果你发现有些孩子存在行为问题，如攻击倾向，可以先寻找产生问题的生理发育、家庭教养方式或班级人际环境等方面的原因，然后再尝试采取干预措施。在这方面，可以阅读专业书籍或者求助于老教师及专业人士。

🎁 如果你偏爱班里的某个孩子，要把喜欢放在心里，绝不能在集体中表现出来，孩子的心灵是异常敏感的，他们会觉得老师不公平。偏爱不仅对被偏爱的孩子和其他孩子都不利，还会影响你的日常工作，只有让他们觉得老师爱他们中的每一个，他们中的每个人才会尊重你。

🎁 越是对待年龄小的孩子，讲话时语速越不能快，特别要把抽象的语言化为形象直观的语言，语句也不能太长，而且必要时需补充表情、手势和身体姿势让孩子理解你的意思；讲话要有一定的抑扬顿挫，突出想让幼儿接收的最重要的信息，必要时还要重复；音量适中，集体活动时保证全班幼儿都能听到。

当孩子任性、发脾气或故意与你对抗、试图激怒你时，可首先用平静的语气询问原因，如果一时问不出，可以暂时冷处理一下，让孩子的情绪平和下来，然后再探明他行为背后真正的需求，并教孩子用别人可以接受的方式表达自己的需求，同时满足孩子的合理需求。

批评孩子时，要告诉孩子被批评的具体行为细节，也要告诉孩子他改正之后的积极结果。而且，每一次的批评过后一定要有新的持续的关注和表扬，要让孩子感到你是"对事不对人"的，不形成"老师不喜欢我"的心理负担，从而形成勇于承认错误并改正错误的品质。

批评孩子的行为时，要控制自己的情绪，避免用"反话"去讽刺孩子的不良行为，逐渐形成一种正面的、向上的言语习惯。如：对于边吃边玩的孩子，与其不耐烦地说"我看谁还在那儿磨蹭"，不如说"我看看谁大口大口吃得香"。

每提出一个班级的常规要求都要深思熟虑，不能信口开河，还要督促每个孩子遵守，如要求在教室中大的盛物箱左边放衣物右边放小书包，要求提出后，每天都在不同的时间段数次去观察并在集体中反馈幼儿的摆放情况，并且将这一要求变成每天必要的事情坚持做。有时，还可以让幼儿自己讨论制订规则并轮流做规则的捍卫者，促使幼儿逐步从他律走向自律。总之，教师的"坚持和守信"是一个班级建立必要规则的基础。

教会孩子如何交朋友，怎样表示友好，怎样协商，怎样道歉，怎样寻求帮助和帮助别人，这会促进班里积极人际氛围的形成，让班级的日常生活顺畅、少摩擦。

当你阻止一个孩子做一件事时，还必须同时清楚形象地告诉他应该做、允许做的事，供孩子模仿，这样才能有效地阻止。如：不要在滑梯上推挤，要一个跟在一个后面，像大象一样，留出一个长鼻子的距离。

信息档案不一定完全由教师来填写，有些也可以请家长自己填写。信息档案的内容除了关于幼儿及其家长的基本信息之外，未必每个孩子都要统一。可以在平时与家长沟通的过程中逐渐积累关于幼儿家庭状况的信息，在必要时还要向家长说明了解幼儿家庭状况的原因，并承诺保密，打消家长的顾虑。除了与搭班老师沟通有关孩子的信息之外，对其他人员应严格保密，避免在与同事吃饭谈天时当众揭孩子或其家庭的"短"。

注意使自己的服饰整洁、美观、大方、得体，孩子喜欢漂亮、精神的老师。当然，鞋子、服装都要方便照顾孩子和与孩子一起活动。

案例

学着去赢得孩子的心

新学期开始了，一切事情都在熟悉摸索中进步着。孩子是聪敏的，他们会用自己的眼光来衡量每一位老师，他们会选择自己喜欢的老师。

记得在开学的前两天，小朋友们并没有真正接纳我这位新老师，他们遇到困难会去找我的搭班老师。他们来园情绪不安，不愿让我安慰，早晨来园时、傍晚放学时，小朋友们也大都不会主动与我打招呼。我试着问自己在工作中有何不足，是对小朋友的态度不够亲切，还是不了解小朋友的心理，在与他们的交流上存在代沟？

渐渐地，我发现，要赢得小朋友的心，光态度亲和是不够的，还要学会与孩子沟通的艺术，要让孩子从内心深处认同我这位新老师。于是，我在日常活动的过渡环节中，改变了以往生硬、直白的语言，改用小儿歌、小音乐引起孩子的兴趣，使他们乐意听从我的指令。比如，在做上课准备的时候，我会用小儿歌提醒小朋友们现在该干什么了（小椅子线上放，小朋友快快坐。小小手腿上放，小眼睛找老师，大家一起学本领）。又如，在游戏活动中，为了安抚孩子刚入园的情绪波动，我扮演了魔术师，为我们班级的幼儿带来了精彩纷呈的魔术表演。当孩子们看着我带着黑色礼帽走进教室，看见大大的魔术箱，都瞪起了好奇的双眼。当在小朋友"变变变"的呼唤声中，看见我变出了他们最喜爱的玩具和零食，他们高兴极了。我也非常开心，因为在那一刻我用自己的特长赢得了全班孩子的崇拜。在之后的几次活动中，孩子们渐渐看到了新老师的本领，他们开始愿意把自己的小秘密告诉我，也会让我去帮助他们解决一些小困难。当早上孩子们来园、傍晚孩子们离园时，看到他们带着满足的笑脸对着我说"陈老师，早"、"陈老师，再见"，这真是我最大的快乐，孩子们的点点进步都会是我这个做老师的最大的骄傲。

（上海市乌鲁木齐南路幼儿园　陈怡提供）

■ **可供讨论的问题：**

在与幼儿沟通、赢得他们信任时要把握孩子的哪些心理需求？

白裤子上的手印

有一天,我穿了一条雪白的裤子,自我感觉不错,同事们直夸我的裤子好看。孩子们也围在我身边你一言我一语地夸奖:"老师,你的裤子真白!""老师,你的裤子很漂亮!""老师,我喜欢你穿这条裤子。""老师穿白裤子像天使。"我心里美滋滋的。

忽然,感觉有小手在摸我的裤子,低头一看,原来是兰兰和琳琳,康康还把头蹭到我腿上。裤子上立即留下了好几个手印,是那么的明显。当时,我很不高兴,大声说道:"你们的手不干净,怎么能随便摸我的裤子?我刚穿的新裤子。被你们弄得这么脏,这么难看。以后谁也不许蹭在我身上,不许摸我的裤子!"看到我生气的样子,孩子们都悻悻地走开了。

此后一连几天,孩子们都离我远远的,我有点纳闷。游戏时,他们也总和我保持一段距离,不敢站到我身边,好像很害怕的样子。"怎么了,过来呀,到老师身边来。"说着,我把兰兰拉到了身边,不料兰兰怯怯地说:"我怕弄脏你的裤子。"原来是白裤子拉开了我和孩子的距离,我非常惭愧:"那天是老师的错,老师不该为这么点小事发火,原谅老师,好吗?"孩子们终于又回到了我的身边。

"白裤子事件"让我意识到教师带班时的服饰最好能便于活动,便于与孩子互动,使孩子们能够无所顾忌地蹭在我身边和我玩,勾着我的脖子和我说悄悄话,钻进我的怀里撒娇……教师切不可因为穿衣打扮而拉开与孩子的距离,疏远与孩子的感情。

(摘自柴文英:《白裤子上的手印》,《幼儿教育》,2008年第2期)

■ **可供讨论的问题:**

不同的穿着给你自己什么样的感受?不同的着装会怎样影响孩子对教师的亲近感?

做孩子中的一员(节选)

法勇青老师总是坐在幼儿中间,像幼儿中的一员,唯有在进行集体教学时,才坐到教师的位置上,她这样解释原因:

许多教师一直觉得对幼儿不够了解,也没有时间了解,有时候与某个幼儿一整天也没讲上一句话。这固然有幼儿人数多的原因,但更重要的原因是教师总是

"高高在上"。

其实，幼儿与教师之间，如同成人与成人之间一样，要多谈谈、多聊聊才能相互了解，彼此间的感情才能逐渐加深，而且，通过交谈能了解幼儿心里想的东西，帮助教师提高教育的效果。如果教师总是坐在幼儿的对面，幼儿很少会主动上来与老师交谈。尤其是性格内向的孩子，只有教师很自然地坐在他身边，随意地与他交谈，慢慢地他才可以与教师建立起融洽的关系。教师坐在前面，幼儿被教育的意识就很强，他们就容易揣摩老师的心思，从而被动地作出反应。而教师坐在他们旁边，和他们一起听小朋友说话，他们就敢讲些自己真实的想法，教师才能真正了解幼儿的内心在想些什么。

幼儿园的活动，有些是教师在教幼儿，那么教师就在前面演示、讲解，但有些活动是讨论，这时教师就是班级中的一个成员，不能指手画脚。这是角色的不同，一天中教师的角色应该有所变化。

（摘自杨宗华、黄娟娟：《"静静地"带领孩子们成长——优秀教师法勇青的
教育经验研究片断》，《学前教育》，1999 年第 3 期）

■ 可供讨论的问题：

教师站、坐的位置及体态会怎样影响教师与孩子的关系？

孩子需要"常规"

记得在我做老师的第一年，我带了一个中班，由于这些孩子都是从托班上到小班再升入中班的，所以在班级中体现了较为明显的规则意识，而且我的搭班老师也是第三年带这个班，所以很多常规都建立得很稳定。

我初入班时，在一些事情上有些随心所欲。就拿日常活动的环节转换来说，我今天想到要先小便再喝水，明天又说先喝水再小便。而班级的常规早就有所建立，无形之中，孩子们体现出的就是他们一贯的做法，但有时会与我的指令相违背，这就给孩子们造成了困扰，打破了他们的习惯，有的孩子就会在走廊里叫"老师说先喝水再小便，是女孩子先去，不是第一组"。由此，班级一片混乱。

我的搭班老师见此情状，便给我解开了谜团，说这样的现象是由于我的管理疏忽造成的。日常生活中看似很小的事情，却是值得重视的，因为良好的生活习惯，对幼儿园的孩子来说是非常重要的。而且，如果不重视常规的建立，就难以

形成一个有秩序的集体环境，还会影响后续的活动。

（上海市芷江中路幼儿园　孙怡杰提供）

■ 可供讨论的问题：

怎样把握给孩子"自由空间"与让孩子学会"自我约束"之间的关系？

对"说到做到"的思考

记得曾经有位老师告诉过我："答应孩子的事情就一定要做到。"当年的我对这个忠告不以为然。因为我自认为是一个很守信用的人，答应过别人的事即使过再久，即使再有困难，我也会努力去兑现。对成人我是这样，对孩子我也一定可以毫无疑问地做到。可是，当真正面对一群孩子的时候，我却似乎得了"说到做不到"的坏毛病。

有一次，我说今天我会发贴纸给表现好的小朋友，并强调不是每个小朋友都能得到，只有表现最好的几个小朋友才能拿到。后来，活动还没结束，一半的小朋友就去上蒙台梭利课程了，我就和剩下的小朋友说："今天不发贴纸了，因为有很多小朋友都不在，明天再发。"结果孩子们一个个都说要今天发，我心一软就发了。最后，家长来接的时候，几乎每一个在教室的孩子我都发了贴纸。

还有一次，早晨来园的时候，一个孩子说他要和大家说注意身体的小提示。我说好的，我上午就让你讲。结果那半天有点忙，我忘记让他讲了。后来我主动和他说，明天让他讲。第二天，我终于让他把注意身体的小提示与大家一起分享了。

渐渐地，我开始意识到自己存在"说到做不到"的问题，这个问题持续存在的话，将使教师在孩子心中的形象大打折扣，妨碍威信的建立。于是，我决心要改掉这个坏毛病，我觉得可以先从以下两点开始：一是在允诺孩子之前要先考虑清楚其他客观条件是否允许，在客观条件能被保证的前提下，在自己能做到的能力范围之内，允诺孩子，允诺之后尽量不要改变。二是答应孩子的事情一定要记牢，尽量不要遗忘。

（上海市乌鲁木齐南路幼儿园　乐益融提供）

■ 可供讨论的问题：

在与孩子相处时，教师为什么要保持"一诺千金"的心态？

给孩子自主与平等的机会（节选）

平等的魅力

经常说，我们要理解孩子，尊重孩子，和孩子共处一个轻松和谐的人际环境。但事实上，我们很难做到。原因在于我们常常觉得自己是不可"侵犯"的。

有一次，一个听课老师提问我："你这么尊重孩子，如果孩子爬到你的头上怎么办？"我吃惊地回答："幼儿老师的头是孩子爬不得的吗？"

孩子们真的是一有机会就会爬到我头上的。

下雨，只得在教室里和孩子一起玩体育游戏"打老虎"。这是一个既要灵敏又要合作，既需奔放又需专注的游戏。由于游戏双方一直存在着挑战，这个游戏成了孩子非常喜欢的经典游戏。

平等地轮流到了我。我也和孩子一起站在圈内。当圈内的人一个个减少到只剩我一个的时候，骆驼站起来鼓动："大家看好球，集中精神，把 Eagle 打倒！"（Eagle 是孩子们对应老师的称呼，意为"鹰"——编者注）孩子们一片呼应。这激起了我的斗志，我来真的了。双方认真起来，赢的还是我！看着孩子们有点气馁的样子，我装作累了："谁愿意代替我？"阿哲说："你说我有进步，我来！"只两三个回合，阿哲就被打中了，孩子们一片欢呼："代表 Eagle 的被打倒了！"我装作痛苦的样子和孩子们乱作一团，高兴得不得了。

有家长反映，孩子们有点怕我。我一直在反思：作为一个老师，应不应该给孩子们一点敬畏的感觉？这个敬畏的分寸是什么？它离亲密有多远？

叶星辰，一个很具备小年龄伙伴特征的孩子，应该对我是有点惧怕的。但是，许多亲密的建议，恰恰是由他提出的，诸如"穿天蓝的裙子，很天使的"等等。一个兴趣班结束的晚上，成群的孩子和家长簇拥在我的身边。这时，小叶跑到我的身边说："Eagle，你喜欢我爸爸吧？"我吓了一跳："啊，我最喜欢你妈妈，因为你长得像妈妈。"他依然笑眯眯地："那你还喜欢我的爸爸吗？"已经有家长在笑了。我搪塞道："我……好久不见你爸爸了，已经不太记得他的样子了。"他兴奋地说："看，他来了！"我抬眼看，小叶的爸爸远远地看着他，不知发生什么事地笑着。啊！难得来幼儿园的爸爸，让小叶兴奋得要与我分享他的欢喜了。我也高兴地说："爸爸来接你，我喜欢他。"他奔向爸爸："Eagle 也喜欢你了！"惹得大人们哈哈大笑。

所以，教师给予孩子的应该是多角色的，是一个严厉的管教者，更是一个可以共享快乐的伙伴，更是一个可以分忧和解惑的朋友。

小乐是一个开朗的孩子，额上缝了 11 针，照样笑呵呵的。一天，他皱着眉对我说："我有一件事情搞不懂，爸爸妈妈吵架，妈妈打爸爸，爸爸推了妈妈，妈妈哭了，爸爸也哭了。他们为什么要哭？"我深情地说："因为他们很相爱，两个相爱的人才会伤心地哭。没事的，别管他们。"他笑起来："哦，明白了！"阳光又回到他的脸上。

亲和力，一个老师应该具有亲和力。无论怎样的敬畏，它依然具有亲密、和合的力量。

（摘自应彩云：《给孩子自主与平等的机会》，《幼教园地》，2007 年 9 月下旬）

■ 可供讨论的问题：

教师与孩子相处时，在不同的情景中怎样找到自己合适的地位，扮演严厉的管教者、快乐的分享者、分忧的友人等不同的角色？教师亲和力的源头在哪里？

爱使教育更简单（节选）

教育因为面对不同的人而显得教无定法，我们经常为难以把握孩子的不同的发展特征而苦恼。其实，我发现，当我们满怀慈爱的时候，教育就变得那么顺理成章，水到渠成。只是有时候，我们的感情，不知道用什么行动来表示。

爱使我们感同身受

男孩书畅有一个恼人的坏习惯。

大家排着队去秋游了。从教室走向大门的时候，书畅挥着拳，落在同伴的身上。一个老师看见，生气地说："你别去游玩了！"他有些紧张。

大家随老师上了车，落下了书畅和我。

我无奈地说："算了。外出，打出什么事就麻烦了，真的别去了。"他开始落泪："不行！我会改的。"我知道，这样的承诺只是一阵风，所以坚持："你不能去。"听着汽车的发动声，他急了："我不去，怎么可以？怎么办？"我用安慰的口吻说："别怕，我也不去，陪你。"

我很沮丧地在马路边坐下："唉！真没劲，看，我也不能去了。""我知道，你够朋友！"他眼睛盯着旅游车上的同伴，手拉着我。我忍不住想笑。

他开始摇我的双臂："你这样，是为了爱我！但是我会改的……"我一把揽他入怀，为了不让他看见我忍不住的大笑。

"你什么都懂，就是做不到。"我强忍着笑说。

"不是的！我一定用实际行动改！"他泪已成行。

天！这小家伙哪来这么"教条"的话?!

都说这话了，再不让上车就太没人情味了……

以后，也看见几次书畅挥起过拳头，但没有落在同伴的身上。照他的话是"像应老师一样够朋友"。于是，大家都成了朋友。

所以，面对孩子的"顽习"，我总会谨慎地选择现实生活中那些孩子最在乎或最喜欢的事物，作为违背社会规则的体验背景，这样的情感冲击会比较强烈一些。

有时候，我们的教育，弄得痛心彻肺、脸红脖子粗，倒不如在一个合适的情景中，以强烈的环境和事件的发展，让孩子自然地体验人们相处的规则；以教师的感同身受、同舟共济，让孩子体会老师的情谊。这时，教育双方因为站在非对立面，而使教育变得生动有效，简单多了。

那么，合适的情景在哪里？要相信，生活中并不缺少情景，只是缺少发现它的敏感的心。

爱使我们接受关怀

真是难受！喉痛鼻塞的，感冒真是难受。

午睡，我依然要讲故事。于是，向孩子坦白："我好像病了，声音发不出。"

轻轻地，但依然是满怀深情地讲述，孩子们很着迷。讲完后，我依然是轻轻地说："好，睡了。如果还要我多说话，那就是在欺负我了。"

雪鹏躺在床上，有些含羞地说："我已经爱上你了，我不会欺负你。"我一下子又兴奋了："我也是!"

这小孩，因为我亲了他肥肥的肚子，就喜欢上了我。

孩子们纷纷表示："我也不会欺负你的。"

我正吃力地想张口，超超说："（睡觉）那么响，就是欺负应老师了。"

一下子，所有的孩子都缩进被子里。一时间，卧室里静静的，孩子们松弛地躺着……整个午睡时间果然没有让我多说一句话。

我感动得一塌糊涂！

在和孩子相处的过程中，当我们不再处于强势，孩子就会在"强者"的情绪体验中，主动地生活和学习。

在和孩子的相处过程中，当我们不再颐指气使，孩子就会在感受尊重中，主动地理会我们的要求。

当孩子的行为变得主动，教育就会更简单。

所以——

爱，如果可以使我们放低自己于孩子中间，

爱，如果可以使我们敏感又宽容，

爱，如果可以使我们处于"弱势"，

或许，教育会更简单。

（摘自应彩云：《爱使教育更简单》，《幼儿教育》，2006 年第 1/2 期）

■ 可供讨论的问题：

对书畅行为的较真和宽容与教师平和的爱心有怎样的联系？用"求得关心"的方式提的午睡要求与教师对于人与人之间平等关系的体味又有着怎样的渊源？

2. 家长工作

关注的幼儿发展目标

身体健康、人格和社会性发展。

赢得家长的信任和尊重，是许多新教师关注的另外一件大事。你面对的挑战是：与各种不同需求和性格的家长打交道。但你可以把握两个原则：如果你能从一些对待孩子的细节上让家长感到自己的孩子没被忽略、得到认真细致的对待，他们通常都会认可你；如果你能够理解家长对自己孩子的偏爱心理及育儿焦虑，而不是嫌他们"苛刻"、"事多"，对他们提出的要求表示重视，若不能满足也能提出合理的理由，用建议而不是命令或指责的方式与家长交流养育和教育孩子的方法，那么就会赢得家长的信任和尊重。你可以围绕上述本领域关注的幼儿发展目标来处理与各位家长的关系，因为你与家长之间的关系及交往的方式通常会间接地影响你与幼儿之间的关系和对幼儿的教育效果。

试试这样做

1. 与家长沟通时，持平等、尊重的态度，以自信和诚恳的语气与家长交谈。

2. 利用多种沟通途径（如家访、电话、网络等）与家长沟通，在沟通前对方式方法做充分的准备，如果必要，对沟通过程做些记录。

3. 主动征求家长的期望、需求和意见，并让家长感到他们的意见得到了教师认真的对待。

4. 设置并及时更换家园信息栏，确保将重要信息告知每位家长。■

5. 以恰当的方式就幼儿的行为问题与家长进行沟通，不要让家长感到你在抱怨孩子，而是感到你在努力为孩子好习惯的建立想具体的办法。■

6. 对于特殊事件（如幼儿生病、事故等），主动、及时、坦诚地与家长沟通，理解家长的情绪反应，并协商处理的办法。■

7. 对于家长希望教师保守秘密的家庭隐私，给予家长明确的保证，并严守秘密。

8. 与家长产生意见分歧时，能控制个人的情绪，冷静地处理与家长和幼儿的关系，尽量避免冲动；一旦与家长发生冲突，应寻求同事和园方的帮助，能从有利于幼儿发展的角度出发，不纠缠于追究责任归属，与家长协商解决分歧和冲突的办法。■

小贴士

每年的 8 月新生入园之前，都是幼儿园教师最最辛苦的时候。大家会顶着炎炎烈日，转乘各种交通工具，走进每个孩子的家中。近距离地接触孩子和家长，认识、了解孩子所在的家庭环境。一次成功的家访能够帮助家长和教师建立良好的关系，同时也能帮助孩子以良好的心理状态开始幼儿园生活，所以其重要性不可小视。家访之前要做充分准备，包括了解手头已有的幼儿和家长资料、穿着得体的衣服、准备好预设的问题和要观察的事项等，特别注意学习一些与幼儿和家长沟通的方式，两位搭班老师也要对家访的任务分工进行沟通，以便家长和幼儿对两位老师都留下深刻的印象。家访的时间应与家长协商。

在家访时，向家长做必要的自我介绍并介绍班级的情况，与家长交换联络方式，认识接送幼儿的人员，提醒家长需要为幼儿入园做哪些准备，还要重点了解这样一些问题：是否上过托儿所、孩子在家的进餐习惯、午睡情况、健康状况等，以便正式入园后有目的性地开展保育工作，还有必要了解幼儿的特殊兴趣（如玩具、书籍或碟片等），以及父母对自己孩子发展的期望与对幼儿园的期望，为教育工作储备信息。当家长对课程等感到有疑问时，耐心地倾听并与家长沟通。对家访中获得的信息做必要的记录。

在家访后，利用这些信息对开学工作做充分准备，并有针对性地安排班级家长工作。

🎁 每天在幼儿的生活环节中特别关注2—3个幼儿，如：喝水的行为、吃饭的习惯、睡眠的喜好及当天的突发情况，也可针对家长特别关心的问题进行观察（如小年龄幼儿的家长最关心的是孩子的吃饭、睡眠情况），并在心中做好记录，作为与家长交流时的素材。（这些必要的记录是最真实、可信的第一手资料，事先记录好不会让你在面对家长的时候手足无措，无话可谈。）也可以做一个小展板，让幼儿自己记录自己喝水、吃饭和睡觉的状况，展示给家长。

🎁 如果收受家长送给你个人的礼物并对其孩子给予特殊照顾，有可能会影响家长甚至孩子对你的尊重。但对于家长的送礼行为，要用谨慎的、委婉的方式拒绝，不要让家长心存疑虑。

🎁 在不带班的时间与家长交谈时，眼神要专注，千万不要东张西望，表现出不专心或者非常忙碌的样子。

🎁 切忌"告状"式的谈话方法，这样会让家长误认为老师不喜欢甚至是讨厌自己的孩子，从而觉得自己的孩子在班里会受到不公正待遇而产生抵制情绪。要让家长感到教师在关注自己孩子的成长和进步，感到老师比他们更深入地了解孩子。同时，要抓住时机向家长了解孩子的情况，以请教的态度耐心地听取家长的意见，使家长产生信任感，这样他们就会乐意与教师进行充分的交流。

🎁 给家长提建议时不应是说教，而应是相互交流和沟通。先要充分肯定家长在幼儿教育方面已经有的好经验，但是随后也要充分自信地谈出自己的教育观点。如果教师的观点是建立在平时细致关注孩子的基础上而提出的，家长一定会非常信任地接受。如表示，妈妈能坚持每天晚上花半小时的时间教嘟嘟识字阅读真有毅力，嘟嘟的知识面很广，所以能积极地表达。可能由于他对文字的兴趣强于其他的事物，会出现重看轻听的现象（在这里举个例子，然后浅谈倾听能力对幼儿发展的重要性）。最后再介绍几个幼儿园培养孩子多方面能力（如动手能力、思维想象能力）的方法。

🎁 适时、经常性的与家长情感沟通有助于教师与家长建立良好关系，可以尝试定期与1—2位不同的家长分别发几条短信，将幼儿的情况交流一下。即使是那些有防御心的家长，也会因你持续的主动沟通、因你关注他孩子的成长而逐渐建立对你的信赖。特别对于校车接送的幼儿的家长，由于无法经常面对面与老师交流，更不能忽视与他们的沟通。

🎁 家长在参加开放活动时，非常关注自己的孩子是否得到了表现的机会或老师的鼓励赞赏，所以在提问或邀请表演时应尽可能多覆盖一些孩子，在"公平对待"上赢得家长的信任；同时，也要在日常生活中与家长沟通集体活动的情况，取得家长对教师在某次活动中未给自己孩子表现机会的体谅。

🎁 当幼儿在园发生意外事件时，及时进行家访也十分必要，这有利于家园及时沟通，共同解决突发事件；同时也让家长感受到来自教师的专业帮助。这是家长对教师建立信任感的重要时刻。

案例

工作第一年教养日记选录

今天早晨我带上午班，有一位家长送幼儿来园后，我对她说："你家旋旋生活自理方面不太强，衣服到现在还不能自己穿，眼看天冷了，这几天是否能在家教一教。"没等我话说完，这个家长就打断道："到这里来的幼儿是不是都会自己穿衣服？"我说是的。她又说："我们是独生子女，在家当然是大人帮她穿。"接下去又讲出很难听的话。当时我听了很生气，同时也感到委屈。我是为了让你家孩子更聪明、更能干，是为你们好，这个家长怎么这么不懂道理，不识好人心。可事后冷静下来想一想，是否我说话的态度不好，可我回想了一下，我讲话的态度没有什么不好。在下午备课时，我就把这事同大余老师讲了。大余老师听后分析道："对家长提出配合的要求，可以从各个角度去提。如果从体谅大人，让孩子做些力所能及的事，这样大人就可以省些力，孩子多做做也会变得聪敏，这样家长可能就容易接受。也可以先说些孩子进步的地方，再提些希望，这样家长也容易接受。如果一针见血、锋芒毕露的话，家长就不容易接受了。"这件事给我的教训是：语言是很有艺术性的，作为一位教师更要善于掌握语言的艺术性。同样一句话，有艺术地讲和没艺术地讲，收到的效果是不同的。

（上海市长宁区实验幼儿园　周剑提供）

〔评：在发生事情后，要特别耐心地关心这孩子，个别辅导这孩子。并且不要在孩子面前跟别人说他什么也不会。要看到他的点滴进步，使家长感到老师不是对自己的孩子有看法，而是真正关心自己的孩子。同时孩子由于这事在家里肯定听到了家长议论老师，你要让孩子去掉包袱，使他觉得老师关心、喜欢他，帮助他建立自信心。——赵赫〕

■ 可供讨论的问题：

与家长沟通孩子身上的缺点时，在语言上应遵循哪些原则？应选择什么样的场合？

巧化干戈（节选）

一天下午美术活动后，孩子们正在收拾绘画用品。开开一边收拾，一边玩着记号笔，一不小心画在了同桌妞妞的脸上。这时，妞妞的奶奶来接孩子了，主班教师肖老师赶紧和妞妞的奶奶一起带妞妞去盥洗室清洗，却发现印迹很难一下子洗掉。尽管肖老师诚恳地道歉，奶奶的脸上仍写满了不悦。回家后，奶奶想尽办法要把妞妞脸上的印迹洗干净，不光把香皂、洗面奶、药皂全用遍了，还要用酒精消毒，结果把妞妞的脸洗破了。妞妞疼得大哭，一家人又气又急，认为都是开开的错。妞妞爸爸气冲冲地打电话给肖老师，说要找开开的家长谈谈。肖老师在电话里再次向妞妞爸爸表达了歉意，还劝导他：孩子之间偶尔有些小摩擦很正常，由于孩子年龄小，他们往往不能很好地控制自己的动作。开开绝非故意，希望家长能够谅解。妞妞爸爸无意责怪教师，但坚持要和开开的家长谈谈。

第二天，肖老师根据平时对双方家长性格脾气的了解，与开开妈妈进行了沟通。肖老师首先自我批评："由于我们工作的疏忽，发生了这样的事情。"然后劝慰开开的妈妈："事件发展成现在这样，不能全怪开开。将心比心，妞妞很无辜，家长生气也是可以理解的。虽然妞妞的家长也有一定的责任，但整件事是开开引起的。现在最重要的是得到妞妞家长的谅解，希望您能和妞妞的家长好好谈谈，诚恳地道个歉，相信妞妞的家长会理解的。"

双方家长的见面会很顺利：开开妈妈一个劲儿地道歉，还买了营养品给妞妞；妞妞爸爸感受到开开妈妈真诚的态度也就不再说什么了，临走时还向肖老师致歉，说麻烦老师了。开开妈妈很感谢肖老师，表示一定会配合教师教育开开。就这样，一场干戈顺利化解。

在化解干戈的过程中，肖老师运用了两种策略。一是"错开锋芒"。肖老师在分析双方家长的性格脾气后，安排开开妈妈和妞妞爸爸"对话"。怒气冲冲的"爸爸"面对语调和缓的"妈妈"，火气就已消了大半。如果两个"妈妈"或者两个"爸爸"碰面，就可能出现针锋相对的局面。二是"晓之以理，动之以情"。肖老师一方面劝导妞妞爸爸客观地看待这次事件，另一方面真诚地劝慰开开妈妈，为双方互相谅解打下了良好的基础。这一策略的关键是真诚，正是教师诚恳的态度感染了双方家长，使他们能心平气和地解决争端。

（摘自赵明琨：《巧化干戈》，《幼儿教育》，2008 年第 5 期）

■ 可供讨论的问题：

作为教师，在化解各种人际矛盾时，应锻炼自己怎样的沟通智慧？

调动家长参与家长会的热情（节选）

我班以往的家长会总是由教师唱主角，"教师讲家长听"，家长的参与热情不高，为此，我们进行了大胆的尝试，大大激发了他们参与的热情。

● 录像播放。孩子的活动镜头永远是家长最感兴趣的内容，我们拍摄了每个孩子在园活动的情景（如活动区、角色游戏等），在家长会刚开始的时候播放，不仅吸引了家长的目光，调动了家长的情绪，营造了宽松、融洽的气氛，也使家长会的出席率得到了很大的提高。

● 小组讨论。针对教育中的疑难问题，我们尝试请家长以抽签方式抽取题目，分组讨论后，每组选派代表发言，并结合展示题板，阐述小组讨论的结果，共享信息。例如，我园进行了"促进幼儿个性和谐发展的研究"，家长们以"独立、自信、合作、创新"为分项，分四组进行交流和讨论："你在日常生活中是如何培养幼儿独立性（或其他）品质的？"采用小组题板有很多好处，首先家长发言的面广了，其次家长发言的任务意识强了，家长们纷纷出点子，尽量丰富自己一组的题板内容。最后，讨论结果一目了然，有利于家长分享育儿经验。

● 案例分析。在家长会上，我们列出生活中常见的育儿案例，引发家长讨论。如逛街时，孩子吵着买玩具，不肯走，又哭又闹，商场营业员都看着你，你此时会怎样做？当孩子不如人家时，你是否经常会说："你看×××多好，你怎么这么没出息。"由于这些问题都是家长在日常生活中经常遇到的，他们有很多的共同语言。最后大家共同归纳出一些可行的教育方法，帮助家长提升教育理念。这种方式容易被家长接受，常常使家长深受启发。

（摘自许丽萍：《调动家长参与家长会的热情》，

《幼儿教育》，2004 年第 7—8 期）

■ 可供讨论的问题：

教师在家长会上应扮演什么角色，达到哪些目的？

3. 来园准备

关注的目标

一日之计在于晨，有个良好的开端，会使整个一天的活动有条不紊地进行。稳定和调整自己的情绪，同时为一天将进行的活动做充分的准备，可以使你从容地、有条理地对待一天中所有将要发生的意料中和意料之外的事，提升你的信心。

试试这样做

1. 在幼儿来园之前，更换好当日带班服装，妥善放置手机和私人物品，确保不在带班时间接听电话。

2. 翻阅计划和备课资料，重温当日活动安排。

3. 检查当日活动的环境及相关的教学用具是否已经准备完备，并摆放到了相应的位置。

4. 与搭班教师和保育员沟通当日运动中的内容、需配合的事项。

5. 调整自己的情绪，准备以良好的心态与幼儿、与同事、与家长互动。

小贴士

早5—10分钟走进幼儿园（给自己更从容的时间），微笑地与每一位见到的人打招呼（如门卫、保育员、其他班级的老师、家长、来访客人等等），早晨的第一个微笑与问候不仅带给幼儿园和谐的气氛，更给自己带来一天的好心情。

🎁 准备一个专门的容器，放幼儿今天可能带来与集体分享的小东西。如：有的幼儿带来一大张卡通粘纸说要分给班级的朋友，有的带来几颗糖，有的带来自己在家里制作的小作品等。让幼儿能感受到自己被老师重视，同时让你自己一天的安排更有条理。

🎁 准备在来园接待环节时记录家长要求的必需品，如有特殊含义的标签、分类事项的表格、笔等，以备做简洁有效的记录。

案例

不可忽视的来园准备 ···

作为新教师，每天来园准备是件很重要的事。对我来说，现在每天到教室的第一件事情就是打开电脑，把一日活动的安排再熟悉一遍，然后再检查一下与活动相关的教具和用具是否都放到了相应的位置。

记得刚工作的时候，来园准备工作做得不充分，也没有意识到准备工作的重要性。有一天，我上第一堂美术活动课，由于事前没把记号笔从柜子里拿出来，结果当我说让孩子们开始画画的时候，孩子们就嚷嚷着没有笔，这时我才匆忙地从柜子里取出几盒记号笔，一时间教室里就显得十分混乱。听着孩子们的吵闹声，我真的又紧张又后悔，后悔一早来园没有把准备工作做仔细，导致了教学活动中的混乱场面。

吃一堑，长一智，这件事情之后，每天一早的准备工作，我格外仔细，再也不让类似的事情发生了。带教老师说，其实来园准备不仅仅是每天早晨的准备，而是前一天就应该准备充分，这样，早上来园最多是复查一下是否还有东西遗漏。这样才能保证一天的活动并然有序地开展，不至于临时抱佛脚。

（上海市芷江中路幼儿园　陈佳妮提供）

■ 可供讨论的问题：

为什么来园准备对新教师有特殊的重要性？应该做哪些准备？

记录家长的嘱托···

有一次，五一放假回来，家长们都把被子送来了，有的关照我把厚被子拿出来准备带回家；有的孩子因为放假时吃得太多，肚子不舒服，家长关照今天要给他吃流质食物；有的感冒了要多喝水；加上早晨是"翻斗乐"活动，弄得我手忙脚乱的，一会儿忘了这个，一会儿忘了那个，觉得力不从心。

师傅对我说，遇到放假归来或者是换季、周一等日子，要做好心理准备和早晨的来园准备，准备好纸和笔，宁愿记录下来，避免忘记，而且家长也会对你放心、信任你，年轻教师更加不能忽视。

（上海市芷江中路幼儿园　袁佳赟提供）

■ 可供讨论的问题：

节假日之后的来园准备与日常有哪些不同？

4. 来园接待

关注的幼儿发展目标

身体健康、良好情绪状态、社会性发展。

早晨的来园接待是你和幼儿一天中的第一次接触，幼儿的心灵是很敏感的，他也会凭对你的"第一印象"来确定自己该紧张还是放松。如果能通过问候使幼儿感到自己是受欢迎的，会增加班级生活对孩子的吸引力，抚平孩子的抵触情绪。你的友善态度还会给孩子与他人交往树立榜样。接待环节也是教师和家长简短接触的机会，细致地对待幼儿会增强家长的信任感，主动与家长招呼也会改善与家长的关系。

试试这样做

1. 主动、亲切地用恰当的称谓和每一位幼儿及其家长打招呼。

2. 对家长关照的特殊事务做必要的记录，以免遗忘，并让搭班同事了解。

3. 提醒幼儿与家长告别、洗手、换鞋（换衣服）等。

4. 让幼儿自主选择第一项活动，在必要时给予帮助，或与幼儿个别聊聊天，了解他们的情绪和想做的事，对情绪不好的幼儿给予必要的安慰。

小贴士

在打招呼时，一定要准确地叫出幼儿的姓名或家庭昵称和接送者的称谓，如：

妮妮早，妮妮奶奶早（叫出接送者的准确称谓很重要，千万不能将外婆和奶奶、爸爸和爷爷、妈妈和奶奶搞混，这是让家长舒心的第一步，能为进一步沟通打下好的基础）。

🎁 快速回忆幼儿昨天的在园情况，做出今天的进一步提示或鼓励，如："妮妮奶奶，妮妮昨天在幼儿园是自己吃的饭，而且吃得很干净，妮妮今天也会加油呢，对吗？""辰辰昨天下午火车还没搭完，老师给你放在架子上了，你今天还想继续搭，是吗？"

🎁 当同时接待两位以上到园的幼儿时，教师的关注要平均地给予每一个幼儿，不能让任何一位幼儿和家长有受冷落的感觉。可以蹲下身子与幼儿说几句话、或轻抚幼儿的头、或轻轻拥抱一下，问问幼儿想先做什么活动，然后在家长的视线下引领他找到活动区，再微笑地和家长挥手告别。另外，也可仔细检查一下幼儿的仪容，是否有在家中受伤的痕迹，与家长及时沟通，以免粗心的家长认为幼儿在幼儿园受伤。

🎁 平时就请家长配合，在来园和离园人多时就作简短的沟通，人少时或另约时间再进行深入交流。

案例

观察幼儿的情绪

　　新生入园的第三周，悦悦妈妈带着悦悦来上幼儿园，可是悦悦的情绪非常低落，虽然没有哭，但是总躲在妈妈后面，之后一个上午悦悦都不开心。直到中午睡觉前，悦悦终于哭了出来，原来她不太愿意自己睡觉，感到不安全，平时都是妈妈陪着睡的。

　　于是，我陪着她，拉着她的手入睡，让她安心。第二天早晨，我及时地和悦悦妈妈说了这个情况，她才回忆起来平时都是自己哄着悦悦入睡的。之后，悦悦慢慢不怕睡觉了，只要我帮她盖好被子即可。

　　看来，入园时观察幼儿的情绪并及时与家长沟通原因真的很重要。

（上海市芷江中路幼儿园　袁佳赟提供）

■ 可供讨论的问题：

来园接待时对幼儿情绪的观察和对家长的询问有什么好处？

让幼儿愉快地开始幼儿园的一天·························

早上，添添开心地来到幼儿园，放好书包后，开始在教室里转悠，我不知道他要做什么，就问他是不是想去磁性拼图区玩拼图。大概十分钟后，他从隔壁房间跑出来，说他不想玩了。我走过去一看，原来他把盒子里所有的磁性拼图都贴在了板上，整个板上贴得满满的。我说："你拼了什么呀?"添添说："我拼了房子还有花。"这时，不断地有幼儿来到幼儿园，我不得不在门口迎接。添添就跑到了隔壁房间，我想让他安静地在区域里游戏，就指着建构区的脚印说："这里还有小脚印，你就在这里玩，好不好。"添添哭了："我不想在这里玩。"我问："那你想去哪里玩?"添添一边抽泣一边说："我不想玩了。"然后站在旁边一直在抽泣。

我与师傅交流了这件事，她告诉我，每天来园接待的时候，应该把孩子放在第一位，首先就应该问一问孩子今天想玩什么，应该让孩子自由选择游戏区，而不应该给孩子指定。这样才能保证孩子有兴趣地参与游戏，这一天有一个好的开端。如果孩子情绪不好，不想玩，可以先安慰他一下，然后想办法转移他的注意力，引导他看看其他小朋友在玩些什么，或者让他跟着老师一起去"做客"。

（上海市芷江中路幼儿园　陈佳妮）

■ 可供讨论的问题：

来园接待如何让幼儿兴致勃勃地开始幼儿园的一天?

··

我班里有个孩子叫晓荪，在班里是个非常机灵的孩子，各方面的表现都非常好，知道什么时候应该用心聆听，什么时候应该大胆表述自己的想法，不是个墨守成规的孩子，我很欣赏他。可是据他外公反映，在家里，晓荪的问题可不少，会对家里人发脾气，而且每天都睡得很晚，也不好好练钢琴。外公希望我能帮帮他的忙。

于是，我对晓荪说："孙老师知道，你在幼儿园不仅是个乖宝宝，在家里也是个乖宝宝，很听外公的话。"然后我就给他讲了一大堆早睡早起的好处，还跟他约定了晚上上床睡觉的时间。

接下去的两周，每天早上来园接待时，我就当着他的面询问外公，晓荪昨天在家有没有早早睡觉？外公说，他吃过晚餐后就一直询问外公时间，因为我跟他的约定是晚上八点半上床睡觉，只要外公告诉他八点半到了，他就会很自觉地爬到床上去睡觉，这个好习惯便逐步养成了。没想到来园接待时与家长的简短沟通还能对孩子产生这么大的影响！

（上海市芷江中路幼儿园　孙怡杰）

■ 可供讨论的问题：

如何将来园接待时得到的信息，纳入到教育工作计划中去，与更深入的家长工作结合起来？

5. 运 动

关注的幼儿发展目标

身体健康、大肌肉动作能力、安全意识和自我保护能力、规则意识。

幼儿通常都喜欢运动，特别是户外的活动。运动对幼儿的身心健康和能力发展可谓至关重要，但"动"也可能会带来意想不到的事。所以，老师要特别注意保障幼儿在运动中的安全和健康，但又不能减少幼儿的运动量和锻炼各种动作的机会，影响他们的发展。如果能从培养幼儿的自我保护意识、自控能力和规则意识入手，以积极的态度看待"安全"，就可以让在家很难有运动机会的幼儿，在幼儿园里充分享受运动的乐趣，发展运动能力，体会到胜任感。

试试这样做

1. 提醒并协助幼儿做好运动前的准备（如检查鞋带、整理服装、垫毛巾、如厕等）。

2. 事先检查运动场地、器具的状况，及时排除安全隐患（如不同运动区域的分割情况、是否有隔离栏或网、运动器具的完备状况、地面铺设软垫的情况等）。

3..运动前强调与安全有关的规则和注意事项，运动过程中提醒幼儿要遵守，培养幼儿自我保护的能力。

4. 运动过程中关注每个幼儿的情况，看情绪和精神状况，摸背上出汗情况，给予必要的监护、照顾，注意运动的密度，提醒幼儿动静交替、适当休息、增减衣服。■

5. 保证幼儿户外运动的时间，并调动幼儿参与锻炼的积极性。

6. 提供有助于锻炼幼儿动作的协调性、平衡性和灵敏性的材料和活动。

小贴士

- 如果户外场地很大，应使本班幼儿的活动相对集中在某个区域，而且当教师在任何一个区域辅导个别幼儿或和少部分幼儿游戏的同时，眼睛一定要不时看向场地上所有的幼儿，不时用语言或手势指导幼儿活动。如："欢欢，跳上轮胎的时候要稳，腿用力，很好"，"开车的司机们，转弯的时候速度放慢一些，小心车辆碰撞"。

- 户外场地的划分及使用规则尽可能用一些幼儿能够理解的标识加以"物化"，可以起到时刻提醒幼儿安全游戏、遵守规则的作用。如：在自行车跑道上划上表示单向行驶的箭头，在某些区域的分隔处挂上"攀爬危险"的图符等。

- 每一次活动的开始部分，事先让每一位幼儿知道今天的场地上哪些运动区域有一定的危险性，要求在游戏时保护好自己。如："孩子们，请仔细看清楚滑板车上斜坡和下滑冲下来是有方向噢，不能反方向地游戏。大家看，滑板车滑下的这条通道为什么这么长？对了，是让车辆缓冲的，所以虽然这里很空，但是我们还是不能在这条路上游戏和穿越，否则要被车撞到的。"（教师要切记，将不安全的事故隐患考虑在事前，并让每位幼儿都事先皆晓，可以提升98％以上安全系数。）

- 可通过材料和活动的趣味性或老师自己表现出对活动的兴趣来调动幼儿运动的积极性。

案例

户外集中的艺术··

刚开始工作时，我很怕带孩子去户外活动，因为每次户外活动孩子们都非常活跃，让我很难掌控局面。以前在见习的时候，看过师傅组织户外活动，非常流畅，孩子们也很积极地围绕在老师的周围，可是自己操作起来却非常费力，想让孩子们走过来听我说游戏规则，不是这个不过来就是那个跑得很远，等我把他们一个个领回来，原先的一些幼儿又跑远了。结束时光排一个队就很长时间，孩子们一乱，作为新教师的我就更加着急。

和师傅讨论过之后了解到，有些事情是不用去等孩子的，你自然地开始后，孩子们会慢慢被你吸引而自己走过来的，如果你只是一味地等，孩子们也不知道你到底要干什么，自然会注意力分散，你在集中的时候可以速度慢一点，等等个别幼儿，但是不要停下脚步，让他们从动作中看出你的目的，这样自然会吸引到孩子们，而且不用花很大力气，等慢慢适应后，孩子们对你的声音自然会很敏感。

（上海市芷江中路幼儿园　袁佳赟提供）

■ 可供讨论的问题：

户外活动如何从活动环节的程序安排、教师发指令的方式等方面处理好"收"与"放"之间的关系，让幼儿既有序又尽兴地运动？

画在地上的规则

星期五早上，我组织孩子们玩羊角球。之前，我要求孩子们拿到球后安静地到操场上排队。孩子们大声地回答说："知道了。"但是，孩子们拿到羊角球后自顾自地玩了起来，把我之前提的要求抛到了脑后。我只能大声地要求孩子们回来排队。

整理好队伍，我带着孩子们来到塑胶跑道上，对他们说："你们就在这条塑胶跑道上玩羊角球吧。"孩子们一听，争着往跑道的起点跑。只见跑在最前面的天天直接站在了一号跑道的起点，紧跟在后面的彤彤、扬扬分别站在了二、三号跑道上。然后，他们各自坐在羊角球上沿着跑道往前跳。后来，聚集到起点的孩子越来越多，孩子们看到没有空的跑道了，竟然自觉地排起了队。刚刚还吵吵嚷嚷、推推挤挤的小家伙，现在怎么一下子这么安静，这么有秩序了？

我想，那可能是因为这一条条跑道就像画在地上的规则，它形象、清晰，孩子们容易懂。我这才明白，平时不是孩子们不愿遵守规则，而是他们不明白该怎么做。让孩子自觉遵守规则的关键在于教师如何将规则形象、清晰地呈现给孩子，便于孩子理解、接受。

（摘自孙瑜：《画在地上的规则》，《幼儿教育》，2008 年第 2 期）

在玩羊角球时，什么年龄段的幼儿才会有自觉向跑道起点跑、沿着跑道跳的表现？户外运动环境的设计如何将规则形象化？

从户外体育活动"黑色流星球"看低结构运动的组织与实施…………

游戏材料：黑色垃圾袋、废旧报纸。

制作方法：请幼儿把报纸团成小球，塞入垃圾袋内，而后把垃圾袋打结，制作成大大小小的黑色流星球。

游戏时间：每天的体育区域活动时段

活动过程：

开始，教师提示一物多玩："这个黑色流星球可以怎么玩？"

在接下来的一个月时间里，幼儿在游戏中想出了很多玩法，如投远、投准、抛高、抛接、甩、踢、顶、推等近20种。

教师观察到，在玩了一段时间以后，有几个幼儿尝试把两个流星球接起来，于是，教师引导幼儿观察同伴，提示幼儿"能不能把流星球组合一下，看看又能怎么玩呢？"

聪明的孩子们把两个流星球接起来、把更多流星球接起来、把流星球扎成一团，甚至把所有的流星球都接起来。

过了一段时间，孩子们玩流星球的兴趣减弱了，教师又发现有些孩子喜欢和朋友一起玩，还玩出了很多有意思的游戏，就提示幼儿，"两个人能玩一个流星球吗？"结果，孩子又玩出了互相抛接、抓尾巴传球等10种游戏。

在周五的大带小活动中，有孩子提出，"让我们一起玩流星球吧！"于是，又有骑大马、舞龙、打雪仗等近10种游戏产生了。

后来，孩子们又遇到了新问题：做流星球的报纸没了怎么办？是否可以用其他材料呢？材料的变化会推进新游戏、新探索、新感受、新体验、新发展……

于是，已经进行了两个月的游戏还在继续……

活动启示：

1. 低结构户外体育活动中教师的角色定位

（1）创造者。找些能信手得来的游戏材料，不需要花太多的人力物力财力，只需要小朋友自己动手就能制作。还可以对材料加以细微变动，使游戏随之不断发展。如：小塑料袋变大塑料袋，塞的东西不同，塞的物品有多有少等。在教师的创造和协助下，孩子很快速很轻易就完成了材料的制作，还锻炼了他们的小肌肉动作。

（2）欣赏者。教师在活动的过程中，欣赏着孩子们的创造与智慧，感受着孩子们思维与能力的不断发展，以喜悦而又平和的心情发现着孩子的点滴进步，自始自终是个幸福的欣赏者。

（3）观察者。在游戏过程中，观察、发现孩子的新玩法，前后记录下近40种玩法，对孩子的玩法与游戏中发生的问题进行梳理，了解孩子在游戏时的困难所在。同时，观察孩子的运动能力，孩子动作发展的水平，让观察贯穿游戏的始终。

2. 低结构户外体育活动中教师的支持策略

（1）材料的支持。和孩子一起收集材料，为孩子提供多元的材料，而且不断更新材料以推动游戏的发展。当孩子提出材料组合使用的时候，给孩子提供一定的帮助，保证游戏的开展与推进。

（2）时间的保证。给孩子充裕的时间，让孩子充分地游戏、充分地探索、充分地实践。这个游戏我们已经开展近两个月了，但仍然在不断推进下去，孩子越玩越精彩，越玩越尽兴，也许三个月，也许四个月，也许还会玩更长的时间。

（3）及时的挑战。通过观察，发现某些孩子的新创造，激发孩子相互模仿、学习。如发现某些孩子把器具组合玩以后，教师立刻引发孩子们对器具组合的兴趣。同时，通过隐性的提示，对孩子及时提出挑战。如发现孩子兴趣减弱后，教师立刻启发孩子尝试和朋友一起玩，创造合作游戏的方法。通过一次次及时的挑战，推进游戏不断发展……

（摘自张之舒：《从户外体育活动"黑色流星球"看低结构运动的组织与实施》，
http://blog.eastday.com/sp1/zhangzhishu/233801288081.shtml）

■ 可供讨论的问题：

低结构体育活动就是教师发给幼儿一个器械，让幼儿自己玩吗？案例中这位老师是怎样处理让幼儿自己玩与推动幼儿充分运动之间的关系的？

6. 生 活

身体健康、自理意识、健康的情绪状态、精细动作能力、卫生习惯、文明交往习惯、语言能力。

幼儿的年龄特点决定了他们对成人在生活上的照料和帮助有强烈的需求，如果成人充满关爱地满足了他们的需求，就会让幼儿产生安全感和信任感，有时幼儿更亲近保育员就是这个道理。因此，生活上的照料和帮助不仅仅是为了满足幼儿基本的生理需求，也是与幼儿建立良好关系、赢得幼儿信任的最佳机会。在生活活动中也不仅仅是给予幼儿照顾，还涉及鼓励幼儿自我服务、培养幼儿的健康意识、自理能力和条理性。因此，教师是把生活活动看成为累人的琐事，例行公事地尽快应付完，还是将之看成是形成班级气氛、提高幼儿能力的教育契机，使它们变得有意义，对幼儿的长远发展会产生截然不同的效果。千万不要小看这方面的工作，它决不会贬低你作为教师的地位和作用。

由于幼儿的体质、神经类型以及家庭生活习惯差异极大，在生活中有必要使统一的活动和要求有适当的弹性。

试试这样做

保障安全、卫生与健康

1. 站位应保证每个孩子都在自己的视线范围内。

2. 在照顾幼儿如厕后、准备食物与吃饭之前及时洗手，并提醒幼儿在餐点前、如厕后和手脏时洗手。

3. 提醒幼儿间隔一定时间要喝水。

4. 睡觉前后"两开两关"，保证卧室良好的通风状态和亮度。

5. 关注幼儿的进餐情况（如胃口的剧烈变化），及时发现疾病的预兆。

6. 了解幼儿特殊的用餐需求（如食物过敏或宗教饮食禁忌），提醒幼儿园相关同事提供特殊的餐点。

7. 睡觉过程中经常性地巡视，避免幼儿因睡姿不对导致呼吸困难，给睡梦中大叫的孩子以安慰，使其重新安稳入睡。

营造宽松温馨的心理氛围

8. 在生活活动中以亲切的态度给予幼儿必要的照顾，如果幼儿因能力有限而打翻饭菜、弄脏衣物等，千万不能嘲笑、指责或生气地抱怨幼儿，但可以平静地让幼儿适当协助清洁、整理。

9. 了解幼儿的进餐和睡眠习惯，在进餐和午睡时营造一个温馨的气氛，不让幼儿感到紧张。（适当允许幼儿调整进食量，按自己的速度进餐，允许幼儿在一定阶段抱着依恋物睡觉，在纠正幼儿已有的不良进餐、睡眠习惯时要循序渐进。）

帮幼儿养成好习惯

10. 帮助幼儿了解生活活动的一般流程，以及如厕、洗手、喝水、进餐、穿脱衣服、睡觉和起床的一般顺序，并用鼓励性的语言指导幼儿自己去做，养成良好的生活习惯。

11. 建立必要的生活活动规则并告知原因（如吃饭时不大声说笑，咽完饭菜后再做其他活动，不在洗手间内打闹、泼水，睡觉时不蒙头等），并提醒幼儿遵守。

12. 睡前提醒幼儿上厕所，特别是容易尿床的幼儿。

13. 睡前组织一些使幼儿放松的安静活动（如散步、听儿歌、故事、音乐等），观察每个幼儿入睡的状况，保证幼儿不玩弄小物件，不蒙头、口、鼻等，并给予必要的照顾。

ͱͱ 盛菜时，要把色彩好的菜盛在碗的最上面，也可以配以漂亮的餐具，并与孩子讨论食物的味道，用"好吃感"来刺激食欲。幼儿挑食时，允许对不爱吃的食物先少吃一点，然后逐渐地增加。分析幼儿吃饭慢的原因，对吃饭速度的要求可以有一定的弹性。平时还可激发大家谈谈自己最喜欢吃的东西，注意从心理上解决挑食的问题，并帮助孩子形成健康的饮食习惯。

ͱͱ 对于年龄小的孩子，为避免吃饭说话发生呛的危险，可以放一点轻音乐，减少说话的欲望；对于年龄大的孩子，可以在告知危险的基础上，允许一定的交流。这都有助于使进餐的气氛宽松，改善食欲。对于大班的孩子，可以提供机会让他们按自己的需要量盛饭，对于年龄小的孩子，也可以先盛好不同量的饭菜，让幼儿自己选择吃哪碗。这样可以避免造成进餐的紧张气氛，避免让孩子感到吃饭成为负担。

ͱͱ 对幼儿来说，洗手是一件"大事"，老师要经常提醒。不但需要教孩子正确的洗手方式，还需要关注他们在日常生活中洗手的情况。可以创设一个洗手的环境，让孩子喜欢上洗手、提醒孩子用正确的方法洗手，如：小班可以在洗手处贴上本班孩子洗手的示范照片或图片，用简单的图示标出洗手液、肥皂、手帕、护手霜等物品的摆放处；中、大班可以请孩子自己创制一些标识，表示洗手的规则和物品的摆放处；老师也可以把洗手程序编成一些朗朗上口的儿歌，让孩子一边念一边洗手，有自我提醒的作用。

案例

"圈养"和"放养"（节选） ·····

在喝牛奶、吃点心的时候，我们准备了各种点心，孩子们可以自由选择。他们还可以选择自己的座位和邻座伙伴，倒牛奶、喝多少也可以自己做主。从此，喝牛奶成了有趣的操作活动，有的喝了一杯还要再倒一杯。

有一次，班上大多数孩子感染了感冒病毒，许多人没有食欲。我们就请厨师准备了稀饭和干饭，请孩子们自己选择，想吃哪一种饭就选哪一种。没想到，这顿饭吃得出乎意料地快。吃晚饭时，中午选稀饭的孩子全选择了干饭，选干饭的则全选择了稀饭，这顿饭居然吃得比午饭还要快。经过几天的调节，孩子们的食欲很快恢复了正常。

〔评：当同事向这位经验丰富的教师讨教时，她说："你们的方法是圈养，而我的方法则是放养。"我们看到幼儿在受到尊重的时候、在可以随意选择的时候，他们是轻松、快乐的。教师通过提供若干选项供幼儿选择，能使幼儿承担起行为的责任（自由往往引发责任感），变得更加积极主动。——朱细文〕

除了在饮食上采取自由选择的方法外，……我们还有意识地创设宽松、安全、温馨的环境，使幼儿适应并喜欢幼儿园的生活。以往，孩子们晚餐后总在一起看一会儿录像，可是不是每个孩子都爱看呢？如果在家里，孩子会做些什么呢？最近，我们试着了解孩子餐后最想干什么，结果许多孩子提出要看书、玩玩具。于是，我们尝试让孩子自己选择活动，或看 VCD，或看书，或玩玩具。尝试了一段时间后，我们发现孩子们不但吃饭快了，活动室也显得更宽松、温馨了。每个孩子都能找到属于自己的小天地，争执少了，教师的干预也少了。

〔评：自由和责任是一对孪生姐妹。真正享有公共空间自由的孩子，能够自觉地用保障自己自由同时也保障别人自由的基本规范来约束自己，对自己的行为负责。儿童的天性是喜好平和而不喜好争斗的，是热爱秩序而不喜欢纷乱的。而现实中他们之所以走向反面，正是因为我们不够尊重他们的自主性和自由表现的愿望。如果我们尊重幼儿，视幼儿为一个整体，如同尊重自然，那么幼儿也将是平和的、自律的，并不需要我们花很多精力去"对付"他们。——朱细文〕

（摘自沈莉莉、黄葵：《"圈养"和"放养"》，《幼儿教育》，2002 年第 3 期）

■ 可供讨论的问题：

日常生活活动的安排方式与幼儿自主选择能力、自理意识、责任心的培养有什么关系？

"厌食"的好好⋯⋯⋯⋯⋯⋯⋯⋯⋯⋯⋯⋯⋯⋯⋯⋯⋯⋯⋯⋯⋯⋯⋯⋯⋯⋯⋯⋯⋯⋯

开学有两周了，好好几乎没有在幼儿园吃过饭菜，每次看到餐桌上的饭菜不是说"我不饿"，就是说"我不想吃"，有时甚至吃一口吐一口。为了能让她把饭吃进去，我们几位老师一到吃饭的时间就想方设法地耐心劝导，甚至一口一口地喂她吃饭。但是，尽管我们给予了特殊照顾，却仍不见成效。

通过分析，我们找到了问题的根源。是我们过分的关心，强化了她的厌食情绪，使吃饭成为她沉重的心理负担。在负担的重压下，孩子厌食加剧。在进餐护理中，我们关注的仅仅是让孩子把饭吃下去，吃够量，而对情绪与胃口之间的关系不够关注。为了能使幼儿都能达到量而不剩饭菜，我们常采用多种方法劝饭、添饭，甚至是喂饭，有时孩子们面对老师的恪尽职守，常是一脸无奈。

于是，我们改变了方法。首先，我们在做好家长工作的同时，注意改善幼儿的进餐环境，尽管是带量食谱，但在护理过程中也力求尊重每个孩子的需要和特点，不让孩子感到紧张为难。

其次，为了淡化好好小朋友对吃饭的紧张与焦虑，我们首先从自身态度上淡化对好好进餐的关注。进餐前后没有了戴高帽的激励，没有了一对一的个别营养学知识讲解，不喂、不催、少盛；有的是餐前准备环节孩子的参与，比如请她做值日生摆餐巾盒、分餐盘汤勺。在第一次请她做值日生时，她认真地做，最后坐到自己的座位上，什么也没有说就吃了起来，虽然吃得不多但已有了一定的进步。我们并未在当时当众表扬她自己吃饭了，而是在离园时，奖给她一枚"大拇指"画片，夸奖她值日生做得好。家长第二天反映，好好回家后非常高兴，说很愿意做值日生的工作。

后来，我们又不断利用餐前准备的环节，在班上谈论"我最爱吃的东西"，好好也很高兴地告诉我们她喜欢吃饺子。渐渐地，好好的进餐情绪好转了，也有了食欲，并能把饭菜都吃完。

（引自 http://www.sdchild.com/Article/course/explore/200706/10079.shtml）

■ 可供讨论的问题：

在好好自己吃饭时，为什么不直接夸奖她吃饭好？保育中除了注意身体上的照料外，是否还需要注意关心幼儿的心理感受？

"淡化"的效力

我们班的一个男孩有一次尿了裤子，回家后奶奶说了他几句，他就有了心理阴影。从此，每天午睡时都会尿床。为了让他宽心，我们和家长进行了沟通，对奶奶讲这是这个年龄段幼儿的年龄特征，让奶奶不要去说他了。之后，我们也不太去刻意地表扬他鼓励他，试图去淡化这件事情。当然每天午睡前一定督促他去小便小干净，如果他今天没有尿湿，我就会轻轻地在他耳边说一句："你看！我们晨晨长大了！"后来，他渐渐地不再尿湿了。

别看孩子年龄小，他们的心理非常敏感，也很要面子，特别是尿床这种事情尽量不要太张扬，老师处理这些事情时应尽量淡化它，把它当作一件普通的、而不是了不得的事去处理。只有老师不在意，孩子们才会以为这是件小事，不会形成心理压力。

（上海市芷江中路幼儿园　袁佳赟提供）

■ 可供讨论的问题：

对于幼儿尿床这类事情，为什么不能当作一件"了不得的事"去处理？

营造一个"安全岛"（节选）

"老师，我有小便！"

"老师，我有小便！"

"老师，我还想小便！"

短短十分钟，婷婷竟去了三次厕所，这种情况持续好几天了，不会是尿路感染吧？经医院检查，一切正常。是因为喝水太多了？也不是。这件事引起了我的注意。通过观察，我发现厕所有小朋友时她就去，厕所没有小朋友时，她也要蹲在那儿等一会儿，我决心把这事弄个水落石出。

"老师，我有小便！"我悄悄尾随其后。"洁洁，告诉你吧，我有妈妈，你有吗？我妈妈去上海工作了，她说过几天肯定来看我，我好想她……"连续去了几次厕所，婷婷都向小朋友说着几乎同样的话。我恍然大悟：原来她不是真的有小便才去厕所，而是把厕所当成了一个可以和小朋友进行情感交流的"安全岛"。因为，那里不会受到成人的干扰，那里能使情感得以寄托！

我想，正是因为平时给幼儿自由交往的机会太少了，他们才会到厕所里去寻找自由。于是，我因势利导，在活动室的一角设立了一个"安全岛"，在那里，孩子们可以互相倾吐心中的秘密，共同分享快乐，分担忧伤……

（摘自方芳：《营造一个"安全岛"》，《幼儿教育》，2002 年第 2 期）

■ 可供讨论的问题：

在生活活动中，怎样敏感地观察、辨别幼儿的心理需求，与其他环节的教育工作结合起来，回应幼儿的心理需求？

不必重来

进入大班以后，不少孩子起床后都能尝试整理自己的床铺。考虑到睡上铺的孩子自己整理床铺有危险，我们没有要求孩子自己整理床铺。这天中午，我又像往常一样为孩子们整理床铺，欣喜地发现小钰的被子已经叠过了。小钰是班里年龄最小的孩子，平时连穿衣服都要老师帮忙。我一边想着要表扬她，一边拉开她的被子，准备重新整理。这时，我的耳边响起了一个细小的声音："老师，我已经叠过了。"是小钰！我一面说"小钰真能干"，一面手脚麻利地叠着被子。

"哇——"小钰居然委屈得大哭起来，她再次强调："老师，我已经叠过了！"这时，我才反应过来，连忙蹲下来对她说："小钰，对不起，老师不小心弄乱了你的被子，你能再叠一次吗？"小钰立即不哭了，马上动手整理起自己的床铺来。

小钰第一次主动地整理自己的床铺，本以为能得到教师的肯定，没想到我虽然表扬她能干，但还是忍不住重新整理了被子。在小钰看来，我的行为意味着否定了她的积极尝试。现在我明白了，激发孩子们对自我服务、自我管理的主动性、积极性比获得符合成人标准的行为结果更为重要，因为这才是培养他们形成良好的生活、学习习惯的动力。

（摘自郑贵芳：《不必重来》，《幼儿教育》，2007 年第 6 期）

■ **可供讨论的问题：**

生活活动中，怎样看待由于鼓励幼儿自我服务而带来的整洁打折扣问题？

7. 游　戏

自主性、专注与投入、想象力、表达表现自己的想法。

这里的"游戏"是指自主游戏（或本体性游戏），要把它与教师设计来辅助教学的集体游戏和区角游戏区分开，就是由孩子自己选择玩什么、在哪儿玩、与谁一起玩、怎样玩。社会上普遍视这种活动是"瞎玩"，对孩子的学习没有什么意义，有些老师也有可能迫于这种压力而取消自主游戏的时间。但其实，这种自主游戏给孩子提供了选择、决定的自主机会，他们可以在游戏中充分地表现自己对事物和生活的理解，实现自己想做的事，获得自我发挥的满足感，从而变得活力充沛，并逐渐产生"我想做××"的目的性的学习行为。游戏对幼儿发展的这种功能是教师决定的活动所不能替代的。因此，教师在这类活动中首先要把握谁主谁次，不能替代幼儿决定游戏。

然而，由于幼儿的活动受到具体事物的影响，如果没有符合他们需要的材料、不受干扰的空间和时间，他们就会觉得玩不起来而无所事事，根本谈不上上述的发展功能。所以，教师虽然不在台前做主角，却要在幕后给幼儿的游戏做好服务。教师在这一环节的目的主要不在于教会幼儿高水平地玩，而在于维护幼儿游戏的兴致和坚持性，想方设法促使他们将自己想做的事进行到底。为此，教师不仅要观察和了解幼儿对材料、空间、时间和玩伴的需求，还要帮助幼儿制订必要的规则，有时，你也需要巧妙地参与到幼儿的游戏中去，帮助他们找到将游戏延续下去、拓展开来的道路，使他们能在游戏中尽兴。

1. 保证游戏的时间，提供必要的游戏空间。

2. 提供丰富的游戏材料，包括一些不确定用途的材料，但确保游戏材料的安全、卫生。

3. 允许幼儿根据自己的兴趣点选择游戏材料，但与幼儿一同建立必要的游戏规则（如游戏区的人数限制、游戏材料的爱护和整理等），并提醒遵守。

4. 对处于不同游戏区的每个幼儿予以关注，有目的地观察（可以旁观也可以做参与观察）幼儿游戏的情况：对材料的偏爱和使用方式、产生的疑惑、游戏区的利用状况，做必要的记录，并据此对游戏材料的投放和游戏区的划分进行调整。

5. 在必要时（如当幼儿漫无目的地游荡、遇到困难想放弃游戏或发生激烈冲突时）介入幼儿的游戏，但尽量采用间接的方法（如扮演一个角色）进行支持和指导，不要硬性要求幼儿如何玩。

6. 采用集体或个别的方式分享、交流游戏的过程和体验，讨论游戏中的问题，拓展或深化幼儿游戏中获得的经验，鼓励有创意的玩法。

小贴士

给幼儿设置便于游戏的活动区是很有学问的一件事。在活动室里设置什么样的活动区、设几个活动区，要根据一个阶段的培养目标以及幼儿当前的兴趣来确定。通常有：图书阅读区、角色游戏区、益智区、积木搭建、科学区、音乐区、玩沙玩水区、美工区等。当然也要考虑活动室的空间情况，充分利用空间，确定不同功能区的位置，用架子、布帘等进行分隔，形成封闭或开放的区间，但隔离物不可妨碍幼儿清楚辨认各区域，还应保证教师及时观察各区域的情况。各相邻区域要考虑避免互相干扰，动态与静态区域最好分别在两个房间。各区域之间还要留出便于幼儿转换区域的通道。

许多东西都可能成为孩子的玩具，特别要注意提供一些不限制孩子玩法的"非定型材料"，如橡皮泥、沙、水、金属丝、各种材质的纸、盒子、珠子等；还应提供一些工具，如美工剪刀、浆糊、胶带、回形针、绳子或线、放大镜等；以及一些可用于角色扮演或表演的道具和服装等等。玩具不一定要买高档精美的，可以由老师制作，也可以发动小朋友们参与某些制作环节以及游戏环境的创设，这对孩子来说也是一个学习的过程。

🎁 材料投放除了丰富多样之外，还要考虑便于幼儿独立使用和整理，因此，要放置清楚，一目了然，或者用透明的容器分类摆放，或者在架子上用图示标明各类物品的位置，并对各活动区材料的使用制订一些规则。

🎁 在游戏中，教师可以边观察边在心中酝酿分享交流的大致内容，可以有意识地帮助某些幼儿事先准备游戏分享环节的介绍。如："佳佳，你的这个新方法很好，今天可以向大家介绍吗？那我们一起来想想可以怎么说？（事先的小准备、小帮助可以使幼儿在交流中更有自信，也是教师有效调控幼儿交流的基础。）

🎁 平时做个有心人，就不会因特意地为应一时之需制作和收集材料而花掉许多时间。

🎁 观察幼儿，要特别注意幼儿在活动过程中的眼神和表情，从中了解幼儿对这一活动是否专注、是否感到过易或过难、是否坚持、是否在取得成功后有满足感等。可以对幼儿进行连续的观察，如幼儿今天与昨天选择的活动区是否相同，如果在同一区域中玩，今天玩的材料与昨天是否有什么不同，或者在玩法上有什么不同，幼儿在不同时间与谁在一起玩，相处的情况怎样，从这些表现了解幼儿的兴趣点、个性特点、人际关系及发展变化，并据此对活动区的创设和材料投放进行调整、更新。

案例

"小医院"游戏实录与反思·····

有次游戏中，娃娃家的"妈妈"抱着娃娃来向我求救："老师，我的娃娃病了，可是我们没有医院可以看病。"看着她期冀的目光，我决定请幼儿集体讨论解决"娃娃看病"的问题，在一次热烈的讨论之后，幼儿决定在以后的游戏中增加一个小医院。由于中班幼儿已具有一定的生活经验，而角色游戏就是幼儿模仿成人活动、反映社会以及人际关系的游戏，可创设环境、投放一定的材料，让孩子们再现生活，表达自我。

总目标（在自主游戏中进行如下学习）：

1. 积极参加活动，尝试与同伴进行合作游戏，丰富游戏情节。

2. 尝试寻找替代品或自制材料。

3. 能主动与他人一起解决所碰到的问题。

【第一次游戏实录】

游戏开展地点：活动室

游戏主题：小医院

游戏开始，a 先把小朋友平时收集的与小医院有关的游戏玩具及材料搬到游戏区，又找来一张桌子和几把小椅子。他把经过自己挑选的玩具放到桌面上，有听诊器、针筒、药盒等。（该幼儿对看病有一定经验，在挑选游戏所需物品上能看出他是经过自己的思考的。）

这个时候凑过来几个小朋友："a，我和你一起玩小医院，好吗？" a 想了一想，选了一个小朋友和他一起玩，他们又一起整理起玩具。（幼儿有与他人合作的初步意识。）五分钟时间里，他们一直在整理玩具。有两位小朋友不耐烦了："怎么还没开门？你们怎么这么慢。" a 没有理睬，另一位小医生说："好了，好了，你们可以来看病了。"不一会儿，小医院医生的桌子前排起了长龙。

病人 a：我今天肚子痛。

医生 a：你吃过什么东西？

病人 a：我妈妈给我吃过牛奶、馒头，还有鸡蛋。

医生 a：你吃过的东西坏掉了吗？

病人 a：不知道。

医生 a：我帮你听一听，张开嘴巴说"啊"。

病人撩起衣服，配合医生的指令。两位小医生给每一位病人都打了一针，配了些药品，结果小医院门口的长龙就是不见短。（由于是初次游戏，幼儿明显对游戏规则等方面还缺乏一定的经验。）后面的小病人有的开始注意力分散，跑到别的地方去了；有的想要插队；还有的跑到小医院里面去看一看。小医生想要维持一下医院的秩序，看来效果不太理想。

（由于是初次游戏，我一直在旁处于观察的地位，关注幼儿的游戏发展，并未以任何形式参与游戏，这样更能有利于幼儿专注地探索。）

活动后的分享和讨论：

教师：今天小医院开张了，请小医院的医生介绍一下吧。

医生：今天，我们小医院来了许多病人，我给他们打针，还配了许多药。

教师： 那你们今天遇到什么问题了吗？

医生： 我们都忙不过来了，可是他们还都来乱挤，把我们小医院桌子上的药品弄得乱七八糟。

教师： 今天到小医院来看病的病人为什么要挤来挤去呢？

病人 a： 我们不知道怎么排队，也没有人告诉我们排到哪里。

病人 b： 医生的动作太慢了，我只是去看看医生在干什么。

病人 c： 我今天只打了一针还没配过药。

教师： 那你们到医院去看病时，医院里是怎么样的？

病人 d： 医院的医生看病不打针的，配药也不是在医生那里拿的。

病人 e： 医院里看病，是在外面坐在凳子上排队的。

病人 c： 医院里看病时，还有病历卡呢。

教师： 小医院里会有哪些人？那我们小医院怎样解决这些问题呢？

幼儿 b： 有医生，护士，挂号的。

医生 b： 我们在外面放些小椅子，请病人坐着排队。

病人 a： 还要做些病历卡。

幼儿 a： 医院的人太少了，还可以多请几个小朋友。

【第二次游戏实录】

活动目标：

1. 能与同伴初步探索角色的分工，有初步的游戏规则。

2. 努力解决所遇到的问题。

游戏开展地点： 活动室

游戏主题： 小医院

医生 a 请了三个小朋友和他一起进行游戏。四人经过讨论后分工为：两个做看病的医生，一个做挂号医生，一个做打针和配药的医生。几个小朋友一起搭建小医院。在放置小椅子时，因为碰到了小银行的门口，于是，他们和小银行的小朋友商量，请小银行的位置往里移了一点。小医院的玩具放置整齐后，挂号的"医生"开始招呼："小医院开张了！"小朋友在挂号处领到自己的病历卡后，挂号的小朋友很认真地为他们写上号码。挂号后，小朋友坐在医生旁边的小椅子上等候。

医生 a 本是个非常好动的孩子，但那天在游戏中却判若两人，他在角落里一直玩着针筒，针筒被拉出推进，他乐坏了，原来他很喜欢玩针筒。这时，教师以病人的身份参与游戏："医生，我来打针，你在干什么？""我给他打针。"他用手比划着。我故作吃惊："就用你手上这针吗？""对呀，这个就是打针用的针呀。"我连忙问道："可是，你这个针消过毒吗？""消毒？应该消过了吧。""那消过毒的针再这样拿在手上玩，手上的细菌不是要跑到针上去了吗？这样太不卫生了。病人打了这针不是要加重病情了吗？"我故意大惊小怪起来。"那，那我怎么练本领呢？"我怎么能阻止一个医生练本领呢？我再问："要是有人来打针怎么办呢？""我就不练本领了。""那要想想办法，医生该怎么练本领呢？"

分享活动和讨论：

老师：今天的小医院有了新的发展，请他们介绍一下吧。

医生 a：我们今天多了几个医生。我今天是给病人打针还有配药的。

医生 b：我今天是挂号的。

医生 c：我今天是医生，给病人看病的。

教师：你们今天有没有遇到什么问题？

医生 d：刚才有一位病人说我们打针的针不卫生。

医生 a：可是医生要练本领的呀，我怎么练本领呢？

幼儿 a：医院里打针的针都是消过毒，如果医生拿来拿去就不卫生了。

教师：那医生要不要练本领呢？怎么练呢？

幼儿 b：我从来没看到过医生练本领，医生就不要练本领了。

幼儿 c：医生可以把练本领的针和给病人打针的针分开来，这样就可以了。

教师：你们在游戏的时候，还有什么问题吗？

幼儿 d：医生给每位病人都打针，可是我有的时候到医院看医生时，是不打针的。

教师：说得不错，好像不是每个病人都需要打针的。你们觉得怎么样？

幼儿 e：有时感冒了，是要去打针的。

幼儿 f：上次我去医院看病，就没有打针。

教师：那么看来我们下次游戏前，先要商量一下，为什么要打针，什么时候该打针，什么时候用不着打针。（激发幼儿下次游戏前在游戏规则及知识上进行进一步探索。）

分析与反思：

1. 尊重孩子们的意愿

我们都承认"孩子是游戏中的主体"，在孩子们提出要新建"小医院"时，我对他们给予了充分的肯定与支持，使孩子们的意愿得到充分的展现和深入的机会。尊重孩子在游戏中的主体地位就要真正实现五个自由，即：尊重幼儿选择主题的自由，尊重幼儿选择情节的自由，尊重幼儿选择玩具的自由，尊重幼儿选择角色的自由，同时还要尊重幼儿自由地讲评自己的游戏。我认为只有做到了尊重幼儿这五个"自由"，游戏才能变为孩子们自己的游戏。

然而在游戏中孩子们也需要老师，他们需要老师成为他们共同游戏的朋友、伙伴，或者需要老师帮助他们解决些他们难以解决的问题。作为老师，如果在这方面顺应了孩子的需求，整个主题游戏就会变得相当活跃，孩子们会在游戏中大胆地反映出很多很多内容。

2. 利用游戏规则诱发幼儿的协作行为

规则的提出，不仅是为幼儿的活动提出要求，也是对幼儿行为及其游戏开展时的一种暗示。如，在小医院中，我们这样引导幼儿确立规则："小朋友在游戏开始前，要先商量，确定各自要扮演什么角色，然后再游戏。每个医生要在自己的'岗位'上为病人服务，不能想做什么就做什么。"要求幼儿能提出自己想要担任的角色，并相互协商，用"小医院"将他们之间的关系明确，暗示他们在行为上要有协作。

3. 教师主动加入幼儿的游戏，以自己的行为引导幼儿推进游戏的情节

我在观察到一位小医生在摆弄针筒时，我立即对他的行为进行引导。游戏中幼儿满足于操作一个动作并没错，通过一番引导为他制订一个游戏规则也必不可少，游戏也因此变得完善了，使幼儿原本单纯的摆弄玩具深入到对游戏情节及规则的推动。

4. 在游戏结束时进行评议

不是每次游戏都能顺利开展的，对于游戏中的问题，就需要在小结时找出原因。如：在上述第一次游戏时，由于相关游戏规则的缺乏，小医院里的秩序较乱，由于经验的不足，幼儿之间发生了一些争吵。我请大家一起找原因。孩子们说："应该给等候看病的病人一些椅子，这样就不会乱了。""不能吵架，吵架不解决问题。"这样，在每个幼儿的头脑中增强了协作意识。在以后的游戏中，幼儿都是先商量好把椅子放置在哪里，然后再进行分工，吵架的现象就不见了。

（上海市芷江中路幼儿园　孙怡杰提供）

1. 游戏是否需要目标？怎样在达成目标的同时不影响幼儿"游戏主人"的感受？

2. 教师是否需要介入幼儿的游戏？怎样介入才不会影响幼儿游戏的兴致甚至干扰幼儿的游戏？在游戏过程中，直接介入与介入游戏前和游戏后的延伸活动各适合于哪些情况？

3. 教师在观察幼儿游戏时应关注什么？（可参考上面这个案例写在括号里的教师对游戏过程的观察和分析）

幼儿园活动区域创设实录

基本区域设置

我们用材料架把课室作了划分，分为日常生活区、科学文化区、美工区、娃娃家、图书角、玩具区、资源库等，以满足不同孩子的发展需要。

为了让孩子逐步养成自律行为，我们特意设计了一些错误控制，让孩子自己发现错误，更正行为。如在每个区域都有限制人数的设计：有凳子的，用凳子的数量作为控制标识；用垫板的，则贴上脚印作为控制标识。过去，常常出现孩子们争抢座位的现象，如有些孩子要上厕所或去拿另一份学具，回来后又想坐回原来的座位上，但当他离开时，其他孩子看到有空的座位，就马上坐上去，等那个孩子回来就没有座位了，于是争抢座位的现象便不断上演。为此，我们给每位孩子设计了一个区域活动的代表证，当他不得不离开座位又想能继续玩的时候，可以把代表证放在座位上，以此证明他还需要这个座位。另外，为了让孩子保持图书角的整齐美观，我特意编写了一首儿歌并张贴了一套照片，用形象生动的形式提醒孩子进区看书、放书的步骤和方法。

效果

区域活动以一种"小的社会形式"与幼儿相互作用，幼儿在与环境、教师、同伴不断的社会性交往中获得发展。区域活动创设了一个相对宽松、愉悦的活动氛围，幼儿按照自己的兴趣进行活动，提供给幼儿更多的交往、合作和解决问题的机会。

观察与反思

经过一段时间后，男孩子都聚拢到玩具区，每次区域活动，玩具区总是座无虚席。有些自控能力较弱的孩子，尽管没有座位了，也站在桌子旁边玩了起来。细细观察，我们发现他们每次玩的都是插雪花片的玩具。幼儿用独特的想象力把雪花片拼成了各种各样的物品，有的像飞机，有的像手枪，有的像战斗机、火箭等，拼完后总爱与老师或同伴分享自己的作品，诉说自己的经验。每到收玩具的时候，他们总是表现出依依不舍的表情，无奈地把玩具拆掉。此时，我敏感地意识到，玩具区的建构玩具已经不能满足幼儿发展的需要，他们需要一个建构自己作品的区域，更需要一个展示作品的地方。

调整

于是，我在原来分区的基础上增加了建构区，并特意不设桌子，只用地板胶铺地板，让孩子有足够的空间创造自己的作品。另外，还在建构区提供了丰富的材料，如酸奶瓶、海绵积木、木质积木、饼干罐，还有许多基本的几何立方体，等等。

效果

刚开始，因为好奇心的驱使，孩子们对新设立的建构区也颇感兴趣，但渐渐地他们的兴趣又回归到玩具区的雪花插片上了，这显然与我投放材料的初衷是相悖的。

反思

经过分析，发现原因有三：一是区域投放的材料过多。活动区材料投放应该是丰富多彩的，投放材料的丰富程度可直接关系到幼儿的活动质量。然而，丰富的材料并不等于越多越好，多则滥，滥则泛。幼儿注意力具有不稳定性，过多、过杂的材料投放，尽管能吸引幼儿投入活动，但也易造成幼儿玩得分心，玩得眼花，一会儿拿这个玩玩，一会儿拿那个玩玩，只学会了拿起一物——摆弄片刻——丢弃——另换一物。因此，在投放材料时，应考虑材料与活动目标的关系，做到有的放矢，加强材料投放的针对性、目的性和科学性。二是投放的材料不是孩子的兴趣点所在。所以在开展某一区域游戏前，要先与幼儿共同探讨，再根据幼儿的认识特点、兴趣及教育目标，为幼儿提供他们感兴趣的材料。三是没有遵循循序渐进的原则。孩子毕竟是孩子，他们的思维是直观、直接的，知识的迁移需要经验的积累，需要过渡的环节。我所提供的材料都以建构大型的物品为主，如房子、家具等，要孩子一下子从拼小物品过渡为拼大物品，需要一个过程。

调整

于是，我们把建构区里的瓶瓶罐罐都收了起来，把塑料卡通玩具、乐高小积木等难度比雪花插片稍大，但又符合孩子兴趣与经验的玩具投放进去。同时，在课室的一角划分出作品展览区，让孩子可以把自己的作品放到上面供同伴欣赏。

效果

因为建构区位置宽阔，不用受桌椅的束缚，而且玩具又适合孩子发展的需要。渐渐地，孩子们喜欢上建构区的材料了，他们想象力更丰富了，创作出的作品涉及的范围也越来越广了，孩子们总是在兴致勃勃地讨论着、分享着自己的作品。

（摘自陆肖茹：《幼儿园活动区域创设实录》，《教育导刊》，2007 年 9 月下）

■ 可供讨论的问题：

1. 活动室中游戏区的种类依据什么而定？

2. 如何安置、分隔不同的区域，确定各个区域的空间大小？

3. 投放材料的数量和难度依据什么而定？怎样确定是否需要调整、更换？

4. 如何保障区域游戏活动的有序进行？

8. 学 习

关注的幼儿发展目标

认知能力（关于身心健康、自然、社会等方面的知识经验）、审美与艺术表现能力、语言能力。

很多新教师都感到，设计和组织集体学习活动、把教育意图体现到区角活动材料中去都是极富挑战性的，这需要一个长期的学习过程。目标的适合性、活动内容和过程与目标的匹配、座位的安排、对活动流程各环节的细致预见、活动过程中对幼儿的回应方法，是新教师特别需要关注的几个焦点。这可能看起来繁杂，但是一次只要做到一步就行。要意识到你将会有失败的课，也会有很成功的课。保留自己好的方面，针对弱点不断改进，只有经历试验和犯错，你才能真正成为一个好教师。教师的生活体验越丰富，知识面越广，对幼儿的已有经验和学习过程了解越深，对设计学习活动和指导幼儿学习就越有帮助。所以，做个注意积累的"有心人"，对周围事物保持好奇心，会帮你成为学习活动的好"编剧"。

试试这样做

1. 首先认真解读（或仔细选择）参考教材，分析和评价其中的活动设计，看目标陈述是否清晰、对幼儿当前生活和长远发展是否有价值、是否既适宜本班幼儿的年龄特点又有一定的挑战性，内容是否贴近幼儿实际的生活经验、是否紧扣目标，活动形式和配套教、学具是否帮助幼儿直接体验，以便在实施时更好地体现教材的精神，并更加灵活地寻找自己活动设计的切入点。

2. 针对不同的目标，可以组织正式的集体或分组教学活动，也可以将学习目标渗透在区角材料中，由幼儿自行操作、自学，达到目标。

3. 做活动计划时，预先猜测幼儿可能的反应（如对教师问题给出的答案、给教师提出的问题），给自己准备几种不同的回应方法。

4. 与群体幼儿一起活动时，视线关注全体幼儿，接收来自幼儿的反馈，给尽可能多的孩子以表现的机会，并注意倾听孩子的表述，必要时重复某些孩子的表达，引起其他幼儿的注意，引导他们向同伴学习。■

小贴士

作为新手，也许你觉得现成的教材、别人设计的教案是自己最初的依靠。但不能仅仅满足于"抄方"上课，你一定会发现，自己在模仿一些优秀的教案时，效果并不如想象的那么好。这是因为别人设计的教案都针对具体的情境、具体的孩子，设计者上起课来就非常鲜活有生气。而如果这个教案并不适合你面前的孩子，或者你的情境与设计者的有相当多的差异，即使照抄优秀教案，课也会上得索然无味。如果你经常去看《学前教育》或《幼儿教育》杂志中的一些"同课异构"的设计，就会更清楚地明白这一点。所以，你在每次"抄方"上课后，都要认真观察幼儿的反应及在幼儿身上达成的效果，并思考原因，努力从"抄方"发展到"改方"，再到自己独立设计。

吃透教材、解析主题是寻找活动设计切入点的前提，而要能深入地理解教材和主题的价值，必须有深厚的相关知识的储备，而且要能理解这些知识的价值。因此，拿到一个主题，深入地查阅资料、补充自己的相关学识是十分重要的。如：对于一个童话作品，要能把握它的中心思想或给人的启迪、它包含的关于自然和社会的常识、它涉及的语词含义、它的语言形式透露的美感等等，才能结合自己面前幼儿的发展状况，充分挖掘这个童话能给幼儿带来的有价值的新经验，从而决定自己活动设计的侧重点。

结合一个主题了解本班幼儿在某些方面的发展水平是活动设计的另一个前提，但这对新教师很有挑战性。可以在把专业书中介绍的本班幼儿的年龄特点和各年龄段发展重点目标烂熟于胸的基础上，尝试把观察到的幼儿行为与这些介绍联系起来分析。为了了解幼儿的已有经验，可以在进行某主题内容的教学之前，先提供一个机会让幼儿展示他们与要学习的内容有关的经验，如在进行"春天"主题活动之前，可以让幼儿说一说或画一画他们感受到的春天，然后对他们的讨论或作品进行分析，确定大家的经验水平大致在一个什么范围。这样，既能了解班级的一般水平，也能了解幼儿的个体差异。而处于高水平的儿童的经验，就可以视为多数儿童的"有挑战性的经验"。

🎁 在备课时，可以经常到幼儿园所在的社区走走，这样有助于新教师了解并且收集有关幼儿的可能经验及所在社区的若干信息，有助于发现、挖掘、开发和利用社区的教育资源。

🎁 提出的关键问题要依据活动内容与要求来设计，主要问题紧紧围绕活动目标的重点与难点。不仅要提"是什么"、"是谁"等事实性的问题，还要提"怎样"（涉及解决问题的方法、程序）、"为什么"或"可能会怎样"（涉及因果关系、推理）、"好不好"（涉及评价）、"像什么"（涉及联想）、"如果……会……"（涉及作出假设）、"有什么不一样"（涉及比较）、"怎样可以更好"（涉及反思与改进）等方面的问题，甚至是"还有没有不一样的想法"之类开放性的问题，由浅入深，引导幼儿向目标靠近。

🎁 教学策略有许多种，从讲授、示范、发问、讨论、指导练习、独立练习到小组合作学习、角色扮演、模仿、研究性调查等。如果你能尽量多掌握各种方法的基本程序，就能逐渐根据自己的教学目标灵活运用。作为新教师，刚开始时你可能更倾向于用"教师中心"的方法，但也要注意在讲授之后，留出必要的时间，让幼儿讨论或展示他们的理解或指导练习巩固；而运用"学生中心"的方法也要在幼儿的实践活动后，通过提问对幼儿的经验进行梳理和提升。

🎁 在集体教学活动以前做好所有的准备，如：教具怎样摆放、怎样呈现；电脑、录音机、电视机等事先调试好，碟片和磁带事先放好，并听放过；幼儿的操作材料放在最容易取放的地方。教学现场的教具障碍是造成教学秩序混乱的最大原因。

🎁 吸引幼儿注意力的最佳方式，就是选择幼儿感兴趣的话题，激发他们已有的经验，又对他们现有的认识和感受提出挑战。如：活动可以从猜谜、神秘气氛的营造开始，激发孩子的好奇心。活动中可以多给孩子自己动脑、动手、动口提供机会，以维持他们的注意力。这比用一些外在的"花边"装饰活动本身（如谁注意听就奖励谁、不断地转换教具或玩具的新花样等）要更有意义，也会有效得多。

🎁 当幼儿提出的问题一时把你难住时，不一定非要勉强回答，更不能否定和回避孩子的问题，而可以提示幼儿从哪些渠道寻找答案，或承诺与幼儿一起去寻找这个问题的答案。

🎁 发现不善于表达表现的幼儿，应给予小小的鼓励和暗示，充分肯定幼儿的每一点成功和进步，并鼓励他们事先做些准备。

🎁 问题的表述要清晰，提问之后，应该给幼儿思考的时间。如果发现幼儿没听懂问题，可以让幼儿提出反问或追问，或者换一种方式解释自己的问题。

🎁 在幼儿回答问题之后，可以根据不同情况对幼儿的回答作出回应：当孩子的回答正确或有新意或有进步时，可以用赞赏的语气重复孩子的答案；对于回答得不理想或一时答不出的情况，可以再一次重复问题；当孩子的答案你听不懂时，可以追问"你的回答我觉得很有意思，能不能说得详细点"；当孩子的表达不清晰而你大致理解他的意思时，可以重新整理孩子的答案，将它清晰地表达出来，这样既鼓励了回答者，也能对所有人传达正确的信息。

🎁 在活动设计中还要考虑选用恰当的组织形式，未必所有的活动都要集体进行，可以把集体、小组和个别组织形式灵活组合使用。个别活动适合让幼儿充分体验和练习，小组活动适合需要合作的任务情境，而集体活动则适宜于引出主题、总结和提升零散经验等目的。

案例

"我爱我家"的设计与反思

活动一：会爬树的爸爸

《会爬树的爸爸》是二期课改教师参考用书"我爱我家"的主题中"爸爸本领大"小主题中的一个故事，情节有趣离奇，涉及幼儿和成人的心理，幼儿理解起来有一定的难度。我想通过这个活动达到两个目标：一是让幼儿明白不能提无理的要求；二是让幼儿体验故事里荣荣对爸爸的爱，以及爸爸对荣荣的深情。反复思考后，我依次设计了以下问题：

1. （出示汉字"爸爸"）这是什么字？你喜欢爸爸吗？你的爸爸有何本领？

起初幼儿不理解"本领"的含义，答案有"给我买玩具"、"看电视"等。我给幼儿解释什么是"本领"后并以"我爸爸会游泳"开头，接下来幼儿有了切题的回答，如爸爸上班、烧饭、打电脑、打球等。

我认为这个故事想表达的是父子深情，孩子大都很喜欢自己的爸爸，而且在他们的心目中爸爸很能干，因此从这个问题切入，能调动幼儿的经验，激起他们对爸爸的情感。

2. 有个爸爸会爬树，（引入故事，请幼儿倾听）他为何要上树？荣荣见爸爸是怎样上树的？爸爸摘到枣子了吗？幼儿一听名称就对这个故事很感兴趣，所以这组问题他们很容易就回答出来了。

3. 树为何会越长越高？这是故事中的离奇处之一。其实是在暗示幼儿由于荣荣的无理取闹导致这棵树越来越高，就像《木偶奇遇记》里皮诺曹的鼻子一样。但幼儿不理解这是为什么，部分幼儿认为树是被施了魔法，可见他们还没理解。

4. 天黑了，爸爸站在很高的树上，听不见荣荣的声音了，他会怎样？爸爸会害怕吗？他害怕为什么还要帮荣荣摘枣子？你爸爸也喜欢你，他会为你做什么？幼儿心目中爸爸是最勇敢的，所以没有人认为爸爸会害怕，他们觉得爸爸会继续努力的。听到荣荣的爸爸哭了时，教室里很安静，丁丁、严严等聪明的幼儿成功地回答了后面的问题。他们认为爸爸是因为喜欢自己的孩子。最后一个问题引起了幼儿的共鸣，有的说爸爸为他买玩具，有的说带他出去玩，有的说陪他玩游戏，等等。

很少听到故事里的爸爸会哭泣，生活中幼儿也见不到这种情景。当幼儿听到荣荣爸爸哭了都变得很安静时，我能感到他们其实是在思考，因为在他们看来这有点不可思议。

"爸爸害怕为何还要上树"是故事中又一个关键问题，让我高兴的是部分幼儿知道是爸爸为了帮荣荣摘枣子，而两个最聪明的幼儿说出是"因为爸爸爱孩子"。在谈及爸爸怎样爱自己时，引起了全班共鸣。在两次高潮后，当我再次提升说明爸爸对他们的爱时，幼儿理解了荣荣的爸爸为何坚持上树。因此，这个问题的设计为下面理解荣荣不要枣子而要爸爸的情节做了铺垫。

5. 这下爸爸该怎么办？谁来帮助他？爸爸摘到枣子为何要捂得紧紧的？他下来的时候听到荣荣在说什么？

幼儿很容易就说出捂得紧是因为想藏好给荣荣。他们已经学着从字词中体会爸爸的爱了。荣荣在爸爸上树前后说的不同的话暗示了荣荣逐渐体会到，因为自己的无理取闹而导致爸爸不见了，所以设计这个问题是想让幼儿通过回忆与对比，体会荣荣知错的心情。

6. 本来荣荣是很高兴的，现在为何不高兴了？荣荣喜欢这颗枣子吗？为什么爸爸给他的时候他又扔在地上呢？小朋友也喜欢自己的爸爸，所以不能让爸爸做危险的事对吗？幼儿的回答有"他发现爸爸不见了，很着急……"、"他想爸爸了……"、"他觉得让爸爸爬这么高太危险了"、"他喜欢爸爸"等。在此，我作了以下提升：荣荣喜欢枣子，但他更喜欢爸爸，他担心爸爸爬得太高会有危险，觉得为了摘枣子而让爸爸爬这么高是不应该的，所以他要爸爸回来。

至此，幼儿已体验到了荣荣父子间的亲情，但受具体形象思维特点的制约，他们并不知道自己是否有过无理取闹的事，所以我设计了第七个问题引发他们的经验。

7. 小朋友想和爸爸多呆一会，可爸爸要上班怎么办？看中了同伴的玩具，非要爸爸马上去买对吗？爸爸妈妈要回家烧饭，而你却不愿回家想在幼儿园玩时，怎么办？

这些问题平时经常发生在幼儿身上，拿出来让他们讨论很有意义。幼儿在和同伴的讨论中，对这些两难问题形成了正确认识，从而在体验成人对自己关怀的基础上懂得了自己也要关心爸爸妈妈。

这次活动结束后，我有了如下体会：中班幼儿仍以无意注意和直观形象思维为主，对事物的关注和认识往往停留在表面。所以教师的任务就是关注他们的活动并寻找适当的机会参与，帮助他们搭设向上攀登的台阶。活动中，我注意到很多幼儿都希望荣荣的爸爸能帮荣荣成功地从树上摘下枣子，所以当他们听到枣树随着爸爸爬高而越长越高时觉得很难理解，更不可思议的是爸爸怎么会哭，会害怕。这时我用一连串的追问激发幼儿思考爸爸有没有害怕的东西，他害怕为什么还要往上爬，下来时为什么把枣子捂得紧紧的，荣荣一开始想要枣子，为什么最后爸爸给他时他又不要了等等。在不断的追问下，幼儿逐渐理解了爸爸是因为对荣荣深深的爱才不顾危险爬上树，荣荣最后也是因为爱爸爸不想让爸爸发生危险所以不要枣子了，并由此产生了情感上的共鸣。本次活动有一定难度，真正能把握活动目标的幼儿不多，大多需要教师的点拨和引导。因而，我认为这个活动如放在中班后期上，当幼儿有了更多的体验后，效果可能会更好。

活动二：我的家

活动前，我让幼儿事先了解自己家的门牌和房间号码等，并准备了地图。

活动中，我先让幼儿认识幼儿园周围的路名。对部分能说出自己家附近主要路名的幼儿，我就和他们在地图上找这条路在哪里。这部分活动幼儿注意力集中，节奏也很快。活动中我注意观察幼儿间的交流，并让幼儿觉察到和许多小朋友都是邻居，真是一件开心的事。然而当我问幼儿是否知道自己家的详细地址时，他们似乎被问倒了。回答主要有以下几种：

1. 我家住得很高，在最上面一层，要爬很多楼梯；
2. 我家是×0×室；
3. 我家在×路×号；
4. 我家住在××路××弄××号××室。

多数幼儿的回答是前3种，只有5个幼儿能准确地告诉我家庭地址。让我感到奇怪的是知道自己住址的幼儿是政政、芊芊、若若等几个平时在班级中不声不响的幼儿。我不禁追问"谁知道家里的电话号码"，结果能报出自己家电话号码的依然是这些幼儿。

于是我增加了预设中没有的问题："你们每天都回家，为什么不知道自己的家住在哪里？如果我们出去玩不小心走散了，你怎么告诉警察叔叔家在哪里呢？

"打电话。"

"如果你没记住电话号码，还有什么好办法？"

"告诉叔叔爸爸妈妈的名字。"

"城市里的人好多，要找到他们的名字也不容易。"

"可以查电脑的、上网。"不知谁插了一句。

"这主意不错，可是如果你们都走散了，一定是政政、芊芊他们先回家，知道为什么吗？"

"他们知道自己家的路名和门牌号码。"

"对，今天我们回家再去问问爸爸妈妈自己的家到底在哪里，好吗？"活动到这里暂时告一段落。

幼儿带着问题回家了，可我觉得在安全意识逐步加强的今天，应该让父母意识到除了知识、心理和食物，还应关心幼儿的能力——解决问题的能力，保护自己的能力。因此我想在区角活动中提供一些物品让幼儿再现自己印象中的家，并鼓励幼儿熟记自己家的电话号码。在和幼儿的对话中我发现，幼儿对自己家的门牌号码印象最深，但还没有形成按照顺序找地址的习惯，因此可以借助一个活动开展这方面的教育。另外在我们班的《苹果报》上，向家长提出有关安全的倡议，建议家长注重这方面的教育和引导。

活动三：老师的家

幼儿对教师的家总是充满着好奇和向往。记得带小班的时候，就有幼儿问过我："老师，你的家住在哪里？"现在，当他们与我的感情越来越深的时候，想去我家的愿望就更强烈了。数数已有近十个幼儿明确提出过想到我家去看看。杰杰还特意问我要电话号码，说想我的时候可以打电话给我。结合幼儿上次出现的安全"隐患"，我决定组织这样一个活动——带幼儿去我家，同时解决上次遗留的如何按序找地址的问题。

一、活动前的非正式活动

正式活动之前，我和另一个教师先带着班上的六个幼儿到我家去了一次。幼儿听说要去我家，立刻显得十分兴奋。我先告诉他们我家的地址，然后请他们记住我们该怎么走、怎么找。一路上他们说个不停。悦悦问："你家有没有人？"杰杰问："远不远？"多多问："其他人什么时候去？"每到一处，我都注意让幼儿看看我们在干什么、到了哪里，并让他们回忆是怎么走过来的。当幼儿终于找到我家时，大家都很高兴。

一进我家，他们就叽叽喳喳像小麻雀一样开心地不停地在房间里走来走去，问东问西。杰杰对我家的沙发和窗台上的几只玩具狗很感兴趣，还把狗贴在自己额头上开心地大笑。严严对我家的冰箱很感兴趣，他一直摆弄着冰箱上各种有趣的磁铁，还打开冰箱门看看里面有什么。当他要小便的时候，我请他进我家的盥洗室，他看着坐便器边的电话不动了。过了一会儿，他指着电话探出脑袋好奇地问我："你为什么要在厕所里装电话呀？"我一听就把问题抛还给他："你真会观察，你猜猜看我为什么把电话装在卫生间？"他想了想笑着说："是不是你小便的时候要听电话呀？"我点了点他的鼻子说："猜对了。有时候我正在洗澡，有时我正在大便，这时如果电话来了听起来多么不方便，在这里装个电话我就不用着急地出来接电话了。"听了我的回答，严严告诉我说："我家的厕所里没有电话。"我就建议他回家也装一个。悦悦对我家的钢琴投入了很大关注，她告诉我自己会弹琴，于是我让她表演了一番。她很高兴地坐在琴凳上，像模像样地弹奏并唱起了歌。有趣的是她的音符是没有规则的，嘴里唱的与手指弹的根本对不上号，可是五个幼儿围在她身边听得很仔细，没有人说什么。我觉得非常感动。丁丁则对我结婚时别人送的一对小鸳鸯饰品异常喜欢，爱不释手，不停地告诉我这对小鸟很可爱。潇潇和多多相对比较文静，他们最喜爱我家的食物：薯片、巧克力和话梅等。等他们的兴趣逐渐降低的时候，我招呼他们坐在我家的茶几前一起喝茶、聊天、吃零食。我让他们说说我家有几间房间，最喜欢我家什么。他们则不停地告诉我自己家和我家的区别，赞美我家"很大很美"。这时我问他们以后要来我家该怎么走，先找什么时，他们都准确无误地说先找"路"再找"号"。玩了近两个小时，我带他们离开了我家。

我发现幼儿对教师的确很感兴趣，这完全可以成为可利用的资源和可探究的内容。活动中的幼儿不仅和我进行了情感上的交流，更在比较、观察中了解了找路的方法，丰富了对生活的感受和体验。先带五六个幼儿过去一方面是因为我不知道怎么招待很多幼儿，另一方面也是希望让这部分去过的幼儿带动或引起其他幼儿的争论，激发他们更多的求知欲。为了让去过的幼儿在活动中不至于因为已有经验而感到无味，结合重阳节和班级里幼儿对老人不太关心的特点，我故意在父母的房间里增加了一些礼物，希望在接下来组织的集体教学中增加这部分内容。

二、正式活动

为了让幼儿在已有经验的基础上进一步感受家的温馨，体验相互关怀的快乐；同时对家有初步的认识，并尝试在集体面前大胆交流自己的经验，我把我家的房间及周围的环境拍成录像和照片，设计了集体活动"我的家"。活动主要分为三个环节：

1. 激发兴趣

师：（播放背景音乐《我的家》或出示汉字"家"）什么是家？（小结：家有门有窗，是我们住的地方。）

师：每个人都有家，说说你的家里都有些什么？（小结并丰富幼儿关于"家"中房间和家人的经验，告诉幼儿他们也是家庭中的一员。）

2. 经验交流

师：你觉得家里谁最能干？在你家里，发生过什么高兴的事？你觉得你的家还有什么不满意或不够好的地方？

师：（小结）小朋友对自己的家挺关心的，既记得许多美好的事，也藏着许多家庭梦想，我们可以把自己刚刚的想法告诉家里人，全家人一起努力让家变得更加美好。我也有个温暖的家，上次谁到我家做过客了？（出示地址，请幼儿观看照片回忆寻找的过程，了解寻找的顺序。）

师：（观看录像）猜猜这是谁？这是我家的什么地方？客厅里还有什么？找找我的房间在哪里。房间里还发现了什么？（幼儿发现礼物）猜猜我会把什么送给两位老人。（先请幼儿猜测，然后再出示礼物。）

3. 操作延伸

师：（小结）老人平时很关心我们，我们也要想到他们，相互关心帮助才是一个温暖的家。

对"我爱我家"主题活动的感想与反思

反思"我爱我家"的活动，我最大的感触是怎样选取有价值的点，即怎样选取符合幼儿兴趣和需要的、对幼儿发展有价值的内容和突破口。

1. 以幼儿最近发展区为依据

教师要在各种关键时刻做出及时有效的应答，推进幼儿的发展。

《幼儿园教育指导纲要》指出，关注幼儿在活动中的表现和反应，敏感地觉察他们的需要并及时以适当的方式应答，形成合作探究式的师幼互动。幼儿发展的关键是产生认知冲突，皮亚杰把它归为"内源性"，维果茨基则认为成人和同伴也能引发认知冲突。这就要求教师要具备敏锐的观察力，把眼光放在幼儿已有经验的水平和可能达到的水平上，这样设计的活动才会既适合幼儿的水平又具有一定的挑战性。

2. 根据幼儿的当前需要调整

在学习活动中，师生间的交流常常体现教师与幼儿之间互动的艺术。瑞吉欧的教学理念中有这样一句话："接过幼儿抛来的球并抛还给幼儿。"往往在"一推一打"的过程中，幼儿对探索的问题会产生越来越清晰的认识，从而使活动深入发展。在先前的观察中，我发现幼儿对我家的客厅最感兴趣，他们在这里玩的时间最长，之前没去过的幼儿也提到了客厅。可见客厅是幼儿很感兴趣的地方，把它作为第一观察点是符合他们的需要的。在我家玩的时候，我观察到幼儿有不同的兴趣点。有的关注卫生间的电话，有的关注厨房设施，有的对我家的电脑有共鸣，还有的对旅游纪念品感兴趣。为此在录像的提供上我进行了专门的选择，如拍客厅的时候注意给幼儿一个全新的、完整的视野；拍卫生间的时候先选择一个点，如幼儿感兴趣的电话，然后再展示其他用品；而对卧室，我就选择重要的拍，如电脑等。结果录像在幼儿活动中起到了很好的作用。我想，正因为我努力在幼儿发展过程中成为参与者，给予他们全心的关注，才为我第二次探索活动的开展找到了参考依据，才与幼儿产生了互动的心灵感应。

3. 依据幼儿生成的内容预设

一旦发现有价值的内容，教师可以创设情景挑战幼儿，激起新旧经验之间的冲突。幼儿在出发前就询问我家里有没有其他人，到我家后又问我家老人到哪里去了。他们对我父母的房间表现出较高的兴趣，所以请我妈妈到现场和幼儿交流对他们来说是个惊喜。在这样的场景下，他们更乐意拆礼物，体验分享的快乐。活动中，我感受到幼儿在活动中不断与同伴、我和我妈妈之间进行互动，同时交流自己的感受，整个场面洋溢着家庭的温馨。幼儿在和老人交流时对老人需要什么有了了解，体会到了老人对自己的关爱。他们主动提出帮老人拿礼物，有的搀老人一起走等。我想今天的活动对他们的影响是深刻的，他们如果能把这次的活动经验迁移到自己的家庭生活中，将促进他们互相关爱的家庭氛围。

（摘自吴佳英：《"我爱我家"的设计与反思》，《上海托幼》，2006年7/8合刊）

■ 可供讨论的问题：

1. 在第一个活动中，教师是怎样挖掘材料（故事）的教育价值、订立目标的？活动过程中提问的预设与目标匹配吗？在活动过程中教师捕捉到了幼儿哪些方面的信息？对幼儿的理解力有什么评价？又对适合这个内容的年龄段有什么反思？

2. 你能从第二个活动的过程中归纳教师的目标吗？

3. 第三个活动中，教师为什么要安排一个"活动前的非正式活动"（"预活动"）？对正式活动的开展起什么作用？为什么让一些孩子参观老师的家之后，教师还要拍摄录像和照片供正式活动使用？

4. 教师怎样根据不同活动的需要选择集体、个别的组织形式的？

5. 活动三与活动二在目标上有什么连续性？教师为什么觉得有必要对活动二进行延伸？怎样对幼儿生成的内容进行后续活动的预设？

6. 请尝试把活动三最后的环节"操作延伸"引申为"活动四"，设计活动目标、活动过程。

在模仿中成长（节选）

第一天：园长给了我一个"摸摸鼻子拍拍手"的小班音乐活动方案，让我一周以后向全园教师展示这个活动。我仔细阅读了这个方案，发现自己对原方案有很多地方不理解。譬如，教师进场时应怎样引导幼儿自由律动？只要鼓励幼儿看教师动作，幼儿就能说出歌词了吗？

第二天：园长又给了我一盘VCD光盘，告诉我先揣摩一下这位老师为什么要这样组织活动。我看了活动实录，明白了许多原来看不懂的地方，于是我起劲地模仿原活动，包括教师的表情、动作、语言等。

第三天：我进行了试教，第一次试教完全模仿原活动，自认为效果不错，但所有的老教师都认为我在走环节，没有关注幼儿出现的一些细节问题，与幼儿的互动交流也不够。他们提出了几点质疑：原活动中教师每句话的用意是什么？这次音乐活动的核心问题是什么？能否找出原活动不适合自己的地方，然后根据本班幼儿的特点进行调整？与幼儿的互动交流体现在哪里，特别是对于坐在离教师较远位置的幼儿该如何与他们互动？

第四天：我又仔细揣摩原活动中师幼的所有对话，一一进行分析，把教师的语言、行为与背后的教育策略对应起来。比如教师在头顶拍手，这一动作对应的是教师的动作提示策略，提示幼儿注意表现高音部分。

第五天：我还以"找碴"的方法，继续寻找原活动中不适合我班幼儿的地方，如原活动中教师的一些动作难度偏大，不适合小班幼儿学习；原活动中幼儿坐在教室前面，教师不能充分地与坐在后面的幼儿交流等等。

第六天：我找到了最薄弱点——关注师幼互动的有效性。为此，我做了一些调整：调整幼儿的位置。教师让幼儿坐成半包围状，可以有效拉近师幼之间的距离，方便与幼儿交流。调整教师的位置。教师有时要适当调整自己的位置，如在活动中，教师引导幼儿创编与身后的客人（教师）打招呼的动作，不仅自然地转移了自己的位置，还方便地接近了后排的幼儿——与幼儿互动。教师站在前面带领幼儿活动时，有时可以跪下来，这样可以适当缩短与后排幼儿的距离，用眼神与后排幼儿交流。教师用眼神与后排幼儿交流，会使幼儿感觉自己受到关注，因而会更加集中注意力。

一个新教师的六天，在别人的基础上努力超越，最终超越的是自我，逐渐学习细密地反思，并努力将反思的心得投射于自己的教育行为中。

（摘自陆娴敏：《凝视幼儿园教科研文化》，《学前教育》，2008年第2期）

■ 可供讨论的问题：

这位新教师在模仿时，思考了集体教学的哪些细节？在设计活动时，需要预先考虑哪些细节？

年轻人，请换个角度看"机会"（节选）·····························

作为青年教师，我们可能都会遇到一个困难就是跟幼儿对不上话。每当这时我都会觉得很尴尬，当我问出一个问题，听到四周静静的，没有一点声音，再看看幼儿，有的瞪着大大的眼睛，但目光中却没有传递给我一点点想要回答问题的信息，有的干脆就是眼睛飘向了窗外。这时，我会感觉这种安静可怕到了极点。尽管我再一次重复问题想引起幼儿的回答，找回自己的颜面，但从孩子的表情可以看出他们对老师的问题根本就不感兴趣。于是，我开始从自身寻找原因，发觉是自己没有把握好幼儿的年龄特点，在教学方法、提问策略上没有艺术性。

通过青年教研组活动，我们学习了幼儿的年龄特点，只有把握住幼儿的年龄特点，才会说出孩子能听懂的语言。例如在小班音乐活动《小金鱼》中，我坐在钢琴前，孩子们坐在椅子上，跟着我一起学唱。尽管我想用自己的情绪感染幼儿，可是我发现幼儿的声音越来越小，回过头一看，只有几名幼儿还在唱。这次失败使我发现，自己的教学形式没有尊重小班幼儿的年龄特点，小班幼儿更喜欢模仿，而老师坐在钢琴前给孩子一个背影，非常不符合小班孩子的心理需要，而且小班幼儿"认识靠行动"，让他们坐在椅子上学唱也是非常不尊重小班幼儿学习特点的。有了这点思考和认识，我撤掉椅子，不用钢琴清唱，唱完一段，就与幼儿进行一下互动。这次幼儿像在听一个音乐故事，每次故事发展的关键地方都与他们有关，他们听得可高兴了，兴趣很高，很快记住了歌词，而且自然而然地跟我做起了律动。

是的，也许会经历一些失败，但这正是我们思考学习的机会。在失败中要会思考学习，在实践中要会总结提高，这正是青年教师成长的必经之路。

（摘自米娜：《年轻人，请换个角度看"机会"》，

《学前教育》，2007 年第 7—8 期）

■ 可供讨论的问题：

把握幼儿的年龄特点与所设计活动的吸引力有什么关系？

9. 离 园 工 作

身体健康、安全、社会性发展。

与来园接待类似，这是与幼儿及其家长个别交往的机会，是与幼儿、家长建立积极关系的好机会，可以对家长早上交待的事务给予一个反馈，也可以利用这一环节培养幼儿做事有始有终的好习惯。但与来园接待不同，要特别注意幼儿的安全监护。

试试这样做

1. 提前检查幼儿仪表，提醒并帮助幼儿整理自己的衣物、玩具等。

2. 与幼儿进行简短的谈话交流，稳定幼儿的情绪，总结、分享当天活动中的快乐并预想第二天的活动。

3. 主动招呼家长，与每位幼儿道别，提醒他们带好自己的物品。

4. 与个别需要沟通的家长有礼貌但简短地交流，或者与他们另外约定交谈的时间，避免疏忽对其他幼儿的监护。

5. 在幼儿离园环节中，如果一位教师提前离开，注意做好清点人数和交接班的工作。

6. 幼儿全部离园后，检查活动室是否已经整理完毕，必要时准备好第二天

要用的材料。■

小贴士

🎁 每天在家长来接之前留出一段时间为离园做各种准备，特别对于小年龄的幼儿，要再次检查一下是否有尿湿、汗湿的情况，并做必要的护理。

🎁 站在教室门口，微笑着和每一位家长打招呼，准确识别每一位接者，当孩子经过身边时，自然蹲下身整理一下幼儿的衣着，问问他今天的感受，共同期待又一个快乐的明天。

🎁 将自己一天对孩子的观察与家长做简短而具体但是最有效的交流，尽可能在家长面前表扬孩子的积极表现和进步。如：巍巍今天成功地设计完成了一个新颖的机器兵；强强今天在活动中第一个上来表演小鸭的舞蹈，非常主动。如果幼儿在园时间发生了特殊事件，一定要主动告知家长，与家长沟通。

🎁 如果两个孩子在幼儿园中发生冲突，最好避免在离园时同时与两方家长谈论此事，特别是本来已经有矛盾的家长，而应分别谈（如：两位老师分别与一方家长谈），可更好地达到化解矛盾的效果。

案例

化解离园时的忙乱⋯⋯⋯⋯⋯⋯⋯⋯⋯⋯⋯⋯⋯⋯⋯⋯⋯⋯⋯⋯⋯⋯⋯⋯⋯⋯

由于我带的是新小班，刚开学的前两天，到了家长接孩子时，孩子们就特别兴奋，全部往门外涌。一边是孩子拼命往外冲，一边是家长伸长了手臂要拉孩子，我既要拉着孩子又要看着家长，有的家长还需要和我沟通孩子的情况，而教室里有的孩子就"趁机"兴奋得乱跑，有的甩书包，有的叫爸爸妈妈，场面很混乱，让我手忙脚乱。

带教的吕老师就针对这件事指导我说，在下一次离园开门前，我应该先和家长打个招呼，说为了孩子的安全，让他们排好队接孩子；同时关照平时离园较晚的孩子安静地坐在椅子上玩玩具。我还应该及时调整站位，这样就可以一边关注门口接孩子的家长，一边又可以关注到教室里等待的孩子。

在听了吕老师的建议之后，我试了一试。果然，在家长的配合以及我放学前充分的准备工作下，孩子们可以在老师的关注之下一个个被安全地送到家长手里，混乱的场面就再也没有发生过。

（上海市芷江中路幼儿园　陈佳妮提供）

■ 可供讨论的问题：

离园之前可以与幼儿一起做哪些活动，可以保证离园环节的安全有序？

10. 与同事的关系

关注的目标

与同事建立良好的分工合作关系，保持一个新手必需的虚心态度，不仅能使你得到同事的接纳，还能在专业发展上赢得许多帮助。但由于你是新手，可能因缺乏经验而产生过分的自尊，在与老教师交往时过分敏感，如果能克服这些心态，看到自己的长处，在处理与同事的关系时，就能保持一种客观的态度，避免逢迎、逆反、猜疑、嫉妒、沮丧等对自己的专业发展有负面作用的不良心态。

试试这样做

1. 以诚恳好学的态度主动与搭班老师、保育员进行沟通，尊重园内每一位同事，遇事有商有量。■

2. 主动承担自己应有的工作分工，也乐于给予同事力所能及的帮助。■

3. 以恰当的方式表达自己的观点或处理与同事的分歧，避免因与同事的私人关系而影响工作。■

4. 以积极的态度理解和对待同事的批评和建议，同时将自己的困惑和所需的帮助坦诚地表达出来。

小贴士

尽快消除陌生感和畏怯感，主动利用各种工作、生活和休闲的机会与同事接触、交往。抱着善意和助人的心态与同事交往，体察同事的需求并主动给予帮助，接受同事的帮助后真诚地表示感谢，同事很快就会认同和接纳你。

🎁 细心地发现别的班级幼儿的长处，和同事交流时经常表扬他们班的孩子（同事间相互的赞赏和鼓励是和谐同事关系的有效桥梁）。

🎁 与搭班老师协商一个大致的分工方案，但在实施过程中要根据幼儿保教的需要，而不是按既定的分工范围来决定自己是否要做某些事，胸中一直有"幼儿的安全、健康"这个大局，同时客观上也能给同事适当的帮助。

🎁 作为新手，当领导、同事不信任你的能力，把你安排在"不重要的岗位"上时，避免产生"怀才不遇"的怨气，最好抱着"十年磨一剑"的心态，在不起眼的岗位上踏踏实实地干出成绩、显示出能力，领导和同事自然会对你刮目相看。

🎁 当你的想法或教育方案无法受到搭班同事的认同时，可以以谦虚的态度与同事沟通各自的理由，然后寻找能够达成共识的折中的办法，对自己原来的方案进行进一步修正，没有必要感到气馁。

案例

孩子永远是最重要的

在大学的时候，老师就对我们说社会和学校是不同的，在社会里一定会遇到一些磕磕碰碰，从学生到一个社会人的转变，这也是一个学习的过程。以下就是我遇到的事情。

前一段时间，我和我们班级的保育员有些不愉快，缘于每个人的为人处世的方法不同。有一次我看到保育员把垃圾往走廊里扫，感觉有些不解，认为她不太为他人着想，于是对她有了看法，之后我们之间就缺乏了沟通。"三位一体"没有进行很好的配合，所以在工作上也就有所疏忽。有一次，一个幼儿尿湿了，可是就是因为彼此没有沟通好，所以孩子连裤子都没有换，湿着就回家了。于是我们两人又发生了口角。

这件事让我很想不通，心情也很低落。这时，师傅顾老师并没有放任我，而像一位前辈一样帮助我分析了事情的轻重，甚至是责备了我一番，把我骂骂醒。刚开始我非常委屈，还是想不通，可能是年轻气盛，一副倔强不服气的样子。顾老师就给我分析了事情的轻重，告诉我孩子永远是最重要的，无论怎么样，只要对孩子有所疏忽，任何人都不能互相推卸责任。一个班级是靠三个人共同建构起来的，不能说什么该你做，什么该她做，和孩子有关的事情都应该是我们分内的事情。

慢慢地，我想通了，后来想想其实也没有什么事情，完全是自己钻牛角尖引起了大家的不愉快，最不应该的是牵涉到了孩子，这是作为一名教师最最不应该的，想想真是惭愧。平时顾老师是怎么对待我这个搭班的呢，无论我做什么都那么包容我、帮助我。只要我有事，顾老师都是无条件地帮我带班，从来不和我计较。她总是细心地一步步教我……师傅身上的美德，我连最起码的宽容都没有学会，实在是太惭愧了。于是，我就主动找保育员谈了心，向她道了歉，化解了一些误会，让彼此的协作顺利开展。

（上海市芷江中路幼儿园　袁佳赟提供）

■ 可供讨论的问题：

如何理解围绕幼儿的利益"三位一体"？

我和同事们（节选）

工作中，经常有老师把同事之间鸡毛蒜皮的小事向别人倾诉，以求得内心的平衡。其实，这并不是解决问题的最好办法。经人传播容易走形，伤害双方的感情，不但于事无补，还在无形中为日后双方的和平相处设置了心理上的障碍。如果工作中注意做个有心人，做同班老师的第三只眼睛、第三只耳朵，遇事也能把握住自己的情绪，变通处理，相信班组之间的关系会无比融洽。这里，我列举往日工作中的几个片段与大家共享。

故事一

开学不久的一个早晨，我刚走进教室，就看见范老师在教室里忙碌。"在做什么呢？"我问。"快来和我一起干，把这些东西顺一顺。"看着玩具柜上被孩子们乱放的图书、水彩笔和玩具之类的物品，我想说，这些东西都是孩子们用的，应该由他们自己来收拾。但转念一想，范老师该不会说我"找借口"吧。于是我转过身对全班孩子说："你们看，范老师多辛苦，你们随手乱放，范老师就要花很多时间来整理，也就没有时间和你们一起出去玩了，怎么办呢？""周老师，我来帮范老师做事。"刘陈边说边举手。"不是帮范老师做事，而是范老师在帮你们做事。如果你们用完之后及时将这些物品放回原处，范老师不需要做这些事，就有时间和你们一起玩了。"我赶紧纠正孩子们的错误观点，"谁愿意来把这些东西送回它们自己的家呢？"孩子们纷纷举手。"范老师你来选。"我将一直在埋头整理的范老师"请"了出来。事后，范老师由衷地对我说："跟着你能学许多东西呢。""孩子能做的事就让他们自己做，我们需要强化孩子们固定摆放物品的习惯，可以试试让值日生来监督，我们就做总督，负责检查值日生的工作情况，你看如何？"见她若有所思地点点头，并不排斥我的想法，我开始和她商量值日生的具体工作。

感受：让自己的思维拐个弯，成就自己，肯定别人。范老师年龄偏大，做事认真、踏实，我只有充分地尊重她，肯定她付出的劳动，她才可能愿意和我商量有关班级管理的具体事宜。

故事二

午餐前，杨老师将筷子分发到各组，然后组织小朋友来端饭，我的心一下子便悬了起来：没轮到排队的小朋友会拿筷子玩，有发生意外的可能性，筷子被二次污染后再用餐也极不卫生。两天后，我忍不住跟杨老师商量，换一种做法试试：让小朋友端碗时再拿筷子回座位吃饭，这样安排紧凑些，小朋友发生危险的可能性就不太大。谁知第二天小朋友拿筷子时，又发生了新的情况，由于添加了部分新筷子，排在前面的小朋友就拣新筷子拿，杨老师有点着急："挑三拣四的浪费时间，后面的小朋友还要不要吃饭了。"虽然当时我宽慰杨老师说，新习惯的养成需要一个过程，可第三天杨老师仍然恢复了原来的做法。第四天，我悄悄地观察了别的班级，发现他们都很有秩序，原来只有我们中一班的做法特殊，效果又不好，于是我心中有了底。

又到了幼儿用餐的时间，我让许老师先看着班上的孩子，拉着杨老师的手说："我们班每天动静都很大，管理很费劲，别的班是不是也这样子？今天我们晚一会儿开饭，一起去看看别的班级究竟是怎么做的。"快速浏览一圈后，我自言自语地说："奇怪了，他们怎么那么有条理呀？"杨老师歪着头思考了片刻，像发现新大陆般大叫起来："我知道了，他们都是排队端饭时拿筷子的，所以孩子们都比较安静。走，咱们回去再改过来。"杨老师拉着我的手急切地往回走。我则跟在后面偷笑。

体会：当两个人不能达成共识时，即使你的观点是正确的，也要注意柔性处理，避免争论闹红脸。如果能峰回路转，用迂回的策略让对方自愿接受，同事之间才会有合作愉快的可能性。

（摘自周兰梅：《我和同事们》，《学前教育》，2008年第7—8期）

■ 可供讨论的问题：

在与同事沟通时应注意些什么？怎样肯定别人的长处？怎样坚持自己的观点？

你的人生因"她"而精彩（节选）

......

我们怎样才能在竞争中与同事保持良好的人际关系呢？我想起了发生在我身上的一段真实的故事。

去年我所在的幼儿园接到了去西部支教的任务，领导将在幼儿园的骨干教师中选派一名教师去完成这个光荣又神圣的使命。得知这个消息后，我和同事菲儿都希望能获得这样一次难得的锻炼机会。于是领导建议我们各自准备一个活动方案，然后再从中择优选用。在准备的那段时间里，我们常常相逢在幼儿园的资料室、图书室，我们从彼此疲惫的脸上都读到了竞争的压力。一个深夜，我们在QQ上不期而遇，于是，对话开始了：

"这么晚了，还不睡吗？""你不也一样吗，呵呵！""菲儿，你要加油哟！我相信你是最棒的！""燕子，我觉得你准备的活动，不太适合上现场课，想听听我的建议吗？"那天我们聊得很晚很愉快，如果说在这之前我们心里还有一丝阴霾的话，随着那次推心置腹的沟通，一切已是万里晴空。最后的结果有点出乎意料，领导决定由我带着菲儿设计的活动去西部支教。用我良好的现场驾驭能力来展现菲儿的精心设计，这对于菲儿来说多少有点不公平，可是菲儿却用超乎常人的宽容给了我一个灿烂的微笑，而我也看到了那微笑背后闪烁着的泪光。我如愿踏上了去西部支教的列车，在那里的活动是我工作以来最圆满的一次教育活动。面对同行们的好评，我想到了菲儿带泪的微笑，我知道那是我们两个人共同的精彩！在西部支教的日子里，曾经有一段话让我记忆犹新：幼儿教师们，我们要做那夜空中的星星，在一望无际的苍穹中，彼此温暖，彼此照亮。那段经历也许只是我的人生历程中很短的一瞬，却让我成长，让我懂得，唯有宽容和付出才能让这些困扰迎刃而解。

有时生活就是有点矛盾，也许正是这些所谓的矛盾才让生活变得多姿多彩。既然无法逃避，那么我们就乐观地去接受它吧，没准儿我们又因此而积累了一笔宝贵的经验和财富呢！有一个童话说鸟儿在天上飞，它不理解地上的蜗牛为什么爬得如此笨拙；蜗牛在地上爬，它不理解天上的鸟儿为什么飞得那么浮躁。如果它们都能够换一下位置，用接纳和欣赏的眼光看对方，就会明白：蜗牛在地上爬，那不是笨拙而是成熟；鸟儿在天上飞，也不是浮躁而是自由。与人交往时我们如果也能养成"换位思考，与人为善"的好习惯，譬如每天都对同事、朋友或是家人说"谢谢"、"你很棒！我支持你！"这些真诚的话语，不仅可以融洽同事之间的关系，更能缓解因工作等原因而造成的各种压力。善解人意，平等待人，这些说起来容易，也许做起来会很难，那就让我们共同加油吧！

　　（摘自朱晓燕：《你的人生因"她"而精彩》，《学前教育》，2008 年第 6 期）

　　■ 可供讨论的问题：

　　怎样的竞争心理有利于大家的发展？"彼此温暖，彼此照亮"的人际关系需要每个人做什么样的努力？

11. 案头工作及自我专业发展

关注的目标

由于是新手，常常会因为经验不足而体验到受挫感，或因工作任务的繁杂而产生一种无力感和应付心理。如果能克服这些心态，看到自己的长处，脚踏实地地认真对待每一件事，用心积累点滴经验，不断吸取教训，不轻易放弃专业追求，你终究会成长为一位成熟的教师。对自己的工作经历和思想历程进行适当的文字记录，并能定期对一个阶段的计划、记录加以比较和分析，也是帮助自己成长的手段之一。

试试这样做

专业热忱

1. 在工作中遇到困难、挫折或感到疲惫时能调整心态，处理自己的情绪波动，不全盘否定自己的职业选择，愿意努力学习、改善自己的胜任力。■▢

2. 能体验到与孩子相处的乐趣，对自己能促进孩子的进步感到欣喜和自豪。

3. 知道幼儿教师要承担多种角色，并努力做好各方面工作。

4. 每天以较饱满的热情投入工作，努力避免将个人的消极情绪带入与幼儿的互动中。■▢

案头工作积极、务实

5. 以积极的心态完成幼儿园规定的计划与纪录等案头工作，把它当作梳理自己思想的机会，为它安排固定的时间。

6. 将自己的各类文档分类摆放，以便查找和利用，定期回顾自己留下的"脚印"，逐渐丰富自己的经验。认真做好幼儿的观察记录，并翻阅同事做的观察记录，思考对幼儿行为分析的不同角度。

7. 认真做好交接班记录及处理其他事件的文档记录工作。

追求专业发展

8. 及时对自己的教养工作进行反思，通过"教养笔记"记录自己的思考和灵感，并把思考和灵感付诸实践加以检验。

9. 主动了解本园教育计划的目标和重点，并将它们与本园同事的教育实践相对照，寻求深入的理解。

10. 主动邀请优秀教师或园内有经验的同事观摩自己的工作，或争取机会观摩优秀教师和园内有经验同事的工作，虚心学习别人的经验。

11. 能经常查看教参书和其他专业书籍、杂志，了解各年龄段幼儿的发展特征以及多样化的教育方法，寻找与本班幼儿特殊需要有关的信息（如入园准备、双语等）。

12. 对自己未来的专业发展有所规划，积极了解和利用一切学习渠道（加入专业组织、参加会议、培训课程和研讨会）去提升自己的专业素养和个人一般素养。

小贴士

📖 多找机会观摩老教师设计组织的较"经典"的活动，观察她们的说话方式、肢体语言、组织技巧，自己尝试模仿。

📖 每当工作成功或失败时、看书有共鸣或质疑时，坚持（当然不一定每一天）做一些读书摘要、教养笔记。用简短的文字记录并积累自己在工作中真实的心得体会，能帮助你整理自己的感悟、经验和思路，给你提供一个机会"跳出圈外"观察自己，不知不觉中你就会发现，就在这些点点滴滴的积累中，你的经验丰富了。当然，关键不在"记"，而在于思考和"咀嚼"，如能定期翻看、比较和归类自己真实的心得，会帮助自己在专业上不断提高。

案例、计划、教养笔记有各种各样的写法，你可以参照自己所在幼儿园的要求或者老教师的写法，要真实地阐发和记录自己所看到的、所做的和所想的，不必太在意形式的美观和篇幅的长短。

多查找各种各样的课程资源，甚至可以自编，增加自己的储备。

案例

三名幼师生二十年的成长

20 年前，一个班有三位优秀学生，做事的特点都是认真踏实，因为成绩的排名，她们被分入了不同的幼儿园。

成绩第一名的那位学生被分入一所区重点幼儿园。在拥有众多技能好、口才好的教师群体中，她始终觉得自己是"小妹妹"，需要多听多学。于是，她很少发表自己的想法，很少有独立开课的机会，一直等到前面的"姐姐们"或调任或退休，而她也累积了广泛的群众基础和工作经验。20 年后，她成为一名优秀的工会主席兼园长助理。

成绩第二名的那位学生被分入一所学区重点幼儿园。她认为，孩子是要教才会聪明的，激情的她有许多的想法需要实践。所以，她很努力地教班中的孩子们，从文学欣赏到古典音乐等等，梦想着在自己的班级中会出现天才儿童。但园内几位老教师非常不欣赏她的做法，认为太怪异，她们的冷嘲热讽未得到园长的有效制止。2 年后，备受挫折的她调任一所区重点小学任语文教师，5 年后，她成长为一位非常出色的小学语文教师兼校语文大教研组长。之后，她去了海外，成了家庭主妇，20 年后，她培养出一双非常优秀的儿女。

成绩第三名的那位学生被分入一所新办的二类幼儿园。她加入的是一个充满自卑与自尊的年轻团队。一方面，"在二类幼儿园是没有机会"的想法困扰和影响着她们工作的积极性；另一方面，她们又希望有人能为幼儿园增光添彩。于是，年轻又努力肯干的那位毕业生就成了她们的寄托。"比赛让她去"、"演讲让她去"，因为没有师傅带教，也没有任何教育教学框框所限，年轻的教师在比赛中遭遇了一次次失败，但在锤炼中，她的心智和经验迅速成熟。4 年后，她在区师德演讲中一举夺魁，同年，又在区青年教师业务比武中获奖，而且是 6 位获奖者中唯一来自普通幼儿园的教师。接着，她被调任重点幼儿园，5 年后，她成长为市级骨干教师。20年后，她成为一所示范幼儿园的副园长。

那个第三名就是我。回首20年的岁月，我始终感到，当新教师在选择工作环境时，会带有很大的盲目性与偶然性，而工作初始的热情与激情又很容易被现实的挫折所淹没。如果说一代人的发展要受到时代的需求和社会大环境影响的话，那么个体的差异往往是自我努力和不断进行选择的结果。面对挫折，我和我的同学都坚持着最初的信念，用自己的行动努力去实践，体现着自己的人生价值。

（上海市乌鲁木齐南路幼儿园　龚敏提供）

■ 可供讨论的问题：

如何看待自己周围的环境、压力、内在的动力与自己的发展机遇之间的关系？

重视另一种财富（节选）

宽心小站：您好！我是一名刚刚从正规大学学前教育专业毕业的新老师。来到幼儿园工作后，被分配到一个三教轮换的班级，也就是说我们班三位老师都是教养员，需要分别轮流承担保育员工作。毕业这半年来，我一直扮演着保育员的角色，每天都围着孩子们日常生活中琐碎的小事忙碌，有那么多的床铺要整理，那么多的毛巾要清洗，那么多的玻璃要擦拭……想想当初上学时对未来的美好憧憬和雄心壮志，再看看如今的现状——差距如此之大，我感觉好失落啊，心里不由得一阵阵难受，我甚至开始怀疑我最初的选择了，我该怎么办？（小杰老师）

小杰老师：您好！……这份看似美丽得令人羡慕的工作背后所饱含的艰辛，只有身处其中的我们才能体味得到。幼儿是稚嫩的个体，他们身心发展尚不完善，独立意识和各方面的能力也尚未形成，因此教师需要对他们进行全方位的呵护和教育。"保教结合，教养并重"是幼儿园工作的核心，也是每位在园教职工坚守的原则。由于班级教师的工作侧重点不同，"保"的内容在保育员的职责中体现得尤为具体，它包括严格执行安全、保健和生活管理等各项制度，负责卫生清洁工作，悉心照料幼儿的一日生活，细微观察幼儿的食欲、睡眠及大小便情况等等。这些，对于身为独生子女、没有成家、没有孩子、刚刚毕业的大学生来说，的确是挑战。也许，在你们伸手给孩子擦拭呕吐物，洗涤粘上粪便的衣物时，你们会想到自己在家仍然还在享受着父母的呵护和照顾呢。对于这样的反差和角色对比，我十分理解你们的心情。可是，此时，我们更应该想到的是一种责任，是幼儿教师角色所赋予我们的责任。从进入学前教育专业的那一天起，我们就应该把自己看成一位"妈妈"，而绝非"保育员"。塑造好这个角色，会使你倍感温暖，因为自己家人的关爱已经通过你的手，你的笑，你的语言传递给了更多的孩子，并将在他们幼小的心中生根发芽，继续传承。

我虽不知你的梦想具体是什么，但我猜想积极上进的你一定热切渴望着事业的成功。"千里之行，始于足下"，成功之路就是由脚踏实地地做好每一件小事铺成的。

1991年我从北京幼师毕业，分配到一所机关幼儿园工作，在那里我工作了十年。现今想起来，那十年的经历对我日后的成长是一笔珍贵的财富。由于是机关幼儿园，服务意识更为强调，因此，在班级人员上班的时间安排上，三位老师都是从早到晚，以保证每个孩子都能得到最大可能的照顾。虽然当时没有三教轮换的概念，但从上班的第一天起，我就强烈感受到了班集体团结互助的氛围，每个教师都自觉地承担着保育员的工作，在做好自己本职工作的基础上，大家不怕脏，不怕累，脏活、累活抢着干，认真仔细地落实每一个环节。一天下来地要拖数遍，一周下来三个教室大大小小几十块玻璃要擦，一个月下来40多套枕巾和床单被罩要清洗……在这十年的教养员兼保育员的工作中，我体验到了辛劳，当然也磨炼了我的责任心和意志力，还有重要的一点，就是它教育我学会了感恩。我感谢和自己同样付出辛勤工作的同事、领导和家长，是他们督促我学会合理地安排时间，统筹兼顾，帮助我从一个不懂事的大孩子成长为一个比较成熟、比较坚强的大人。而且，我最早通过观察幼儿发现问题、思考问题的习惯也是随着这十年保育工作的开展而逐渐养成的。孩子为什么今天吃饭少了？是不舒服，还是挑食？用什么办法能使他爱吃这种蔬菜？日积月累中，你就会发现，在无数看似"鸡毛蒜皮"的保育员工作的小事中，竟然蕴藏着丰富的财富。

你有着正规的大学学习经历，在理论知识上有一定的基础。所以，你更应该发挥自己的专长，把所学的知识自觉、自主地运用到实践中，不断地博学、笃行，尝试着做一些教科研的研究工作，并且学习善于利用小事进行反思，及时书写笔记，在点点滴滴中感受到自己工作的价值，从而找回信心，找回自我。

在一次表彰骨干教师的大会上，我有幸聆听了几位前辈的感言。她们真诚的告白，坎坷的生活经历，丰富的人生阅历，不时震撼着我的心灵。在她们当中，有的是当年返京的知识青年，有的是站过柜台的售货员，还有的是曾被"骗"当上了幼儿教师之后还几经周折想调离工作岗位，没想到最终却成为幼儿教师中的先锋和楷模。她们靠的就是一种不服输、勇于挑战自我以及刻苦钻研的精神，赢得了孩子们的爱戴，赢得了同行的尊重和敬仰。

态度决定未来。一个人能否成功，取决于他的态度。成功与失败人士之间的区别，就在于成功人士始终拥有最热忱的态度和最积极的思考，用最乐观的精神支配和控制自己的人生；而失败者则相反，他们的人生是被疑虑所引导和支配的。在成功的道路上，唯一的障碍就是你自己，打开这一通道，你就迈向了成功的光明大道。

小杰老师，你的现实并没有远离梦想，现在正是你不断积蓄力量的时候。有些事，并不是人们不会做，而是由于觉得太简单、太枯燥而不屑去做，殊不知一次又一次锻炼自己的大好机会就这样白白地流逝。当真正的机遇来临时，我们却又由于实力不够而回到了起点。

珍惜现在，一步步坚实地走下去，相信明天的你定会洋溢着灿烂的笑容，自信而充实地展现在我们面前！

（摘自安平：《重视另一种财富》，《学前教育》，2008 年第 2 期）

■ 可供讨论的问题：

新教师如何处理个人需要、理想等主观需求与现实条件难以满足这些需求之间的矛盾，尽快地摆脱彷徨的心态，找到合适的职业定位，确立自己的职业规划？

活页自评表

领域：　　　　　　　　　　　　　　　　自评日期：　　年　月　日

我的长处	
需加强之处	
指导老师的经验和建议	
下一步的打算	
我积累的"小贴士"（可注明本领域的指标号）	
有帮助的其他资源	

裁切线

成长档案活页（1）案例反思

领域：   记录时间：   年　月　日

我自己的案例（或活动实录）	
与指导老师讨论我的案例	

成长档案活页（2）活动观摩研讨

领域：　　　　　　　　　　　　　　　记录时间：　　年　月　日

活动过程记录	
我想向执教老师咨询的问题（注意提问的方式）	
研讨中值得我学习的其他同事的看法和做法	
我自己的收获	

我的资源库

资源的名称	适用的环节	可以关注的资源来源
例：儿歌《手指歌》	活动过渡	幼儿教育资源网站
故事		
游戏		
图片		
手工制作		
社区××设施		
××孩子身上发生的故事		

注：本页需要不断添补和更新，形成自己精选的、有教育价值的资源库。

（上海市芷江中路幼儿园　袁佳赟提供）

活页表使用举例

"案例反思"填写举例

领域：班级建设　　　　　　　　　　　　　　记录时间：　　年　月　日

我的案例	刚工作那会儿，我的搭班，同时也是我的师傅一直帮助我左右。当我独立带班时，我发现孩子们对于我说的话都不太听，对于我的声音也不敏感，我只能一遍又一遍地说，往往自己喉咙都哑了，却没在孩子们面前树立一些威信。
与指导教师讨论这些案例	我和师傅说了以后，了解到：一个老师不但要提出明确的要求，提出后也一定要切实地实施，不能提完要求，却没有了下文，那孩子就不知道你说的话重不重要，要不要做到，孩子们也会迷茫。所以不能光要求而不去执行，做事宁愿慢慢来。如果孩子们没有按你说的话去做，你就要求他们再来一次，不要急，让孩子们了解到你提出的要求是必须做到的，这样才能树立起威信来。

活页自评表填写举例

领域：班级建设　　　　　　　　　　　　　　记录时间：　　年　月　日

我的长处	有亲和力，能很好地吸引孩子的注意力，并融入到孩子之中去。
需加强之处	对孩子们提出要求后，总是虎头蛇尾，没有很好地去一个个验收结果。
指导老师的经验和建议	建议放慢语速及做事的步骤，一步步来，从抓常规做起，慢慢地在孩子们心中树立威信。
下一步的打算	从每一件小事做起，说到做到，自我验收。
我积累的"小贴士"（可注明本领域的指标号）	（略） （略）
有帮助的其他资源	（略）

成熟型教师专业发展
自我评价体系

做最好的自己

　　熟手是昨天的新手，但不一定是明天的专家，许多老师的教学专业发展往往停滞在这一阶段，习惯于熟手的角色直至退休也未成为专家。有研究表明[①]，熟手型阶段是老师苦恼迷茫的阶段。

　　如果你已经是一位经验丰富的老师，却不满足于现状，不想走入事业发展的停滞期，而希望把握这个职业的发展动态，在新的背景下重新审视自己的工作习惯，保持淡定心态，分辨各种新思潮对于自己的意义，避免在思想冲突中迷失自己，寻找到自己进一步发展的起点和思路，实现"做最好的自己"的目标，那么，你就迈上了向专家型教师发展的道路。而这个自评体系也许能帮你澄清一些问题。

　　"自我评价"虽然不会像"外部评价"那样可能带给你荣誉和褒奖，却能增进你对常规工作的新鲜感，使你体验找到新方向的喜悦感，满足你从事创造性劳动的自我实现需要。

　　这个体系的初衷是帮助"成熟型教师"向"专家型教师"发展。幼教界的"专家型教师"代表着幼教人的理想形象，是整个专业的领军人物。只要你希望走近这个理想，就可以利用这个体系帮助自己找到职业生涯新的起点。当然，即使你已经做到了体系中所列的所有的事，也并不意味着你的职业生涯可以止步了。相信一旦你寻找到了新的起点，就会发现幼教的未知世界、可为世界远比这个体系所列的要丰富得多，而这个体系只是你前进的一个助推器。

[①]　连榕：《新手—熟手—专家型教师心理特征的比较》，《心理学报》，2004 年第 1 期。

"专家型教师"的形象

关于"专家型教师"的素质结构有许多研究，这种"专家"不是指语文或数学的学科专家，而是指"教学专家"或"课程专家"。其专业性主要表现为对课程有成熟的理性思考，特别是要明了沟通课程与学生心理联系之道。[①]

这个体系所指的专家型教师，有这样一种共同的形象：对幼儿的身心健康和终身发展高度关注并为此热情地工作；关心幼儿的生活经验，了解幼儿学习和发展的特点，能解读幼儿的表现和变化，推测影响幼儿发展的因素，并想方设法对这些影响因素进行持续有效的干预；反思自己所追求的教育目标是否对幼儿当前的生活及应对未来的社会有价值，平衡短期效应与长远目标的关系；把自己的工作看作是一种有吸引力的探索过程，对各种理论和方法保持开放而客观的态度，不断地学习和质疑，谨慎地试验和研究；主动与行政、媒体等各方面沟通与合作，成为提升整个幼教领域的专业水平和地位的一股力量。

体系中所列的诸多指标，就试图勾勒这样一种形象。它们的依据是关于优秀幼儿教师所关注的问题及其能力表现的研究成果，同时力图体现幼儿教育领域的专业化趋势对教师素质提出的要求。

这些指标并不想让你的行为标准化，它们试图为你提供一个选择的参照系。你可以借助这个参照系找到自己的重点，形成自己的风格。

十大领域及评价的着眼点

本体系所列的十大领域，并不在一个维度上划分，而是从成熟型教师专业发展的实际需要出发来设计的。

第一个领域为其他领域的工作表现提供动力，指向教师自身的专业态度，也列举了一些专家型教师在这些专业态度的引导下不断自我更新的表现。

第二到第九个领域均指向教师本职的工作任务。其中，第二到第七个领域又是直接以幼儿发展的目标为核心组织起来的，希望成熟型教师能更加明确地以幼

---

① 陈桂生：《"专家型教师"辨析》，《江西教育科研》，2003 年第 4 期。

儿发展目标为核心来思考自己的工作，全方位地关注"人"的成长，而不再局限于完成现有教材的教学工作，不再局限于仅关注教学的技巧。

第八和第九个领域是跨目标的，一个是从整体上规划课程，使各类教育活动相互关联，使幼儿的经验不断得到修正、扩展、深化、提升，产生连续的累积效应；另一个是与家长的合作共育，围绕幼儿发展的目标与家长进行经常性合作，为幼儿创设一个更广阔的健康成长的环境。

最后一个领域体现了一种"扩展的本职工作视野"，是第一个领域中个人专业热忱的进一步扩展。专家型教师往往对本专业的社会责任、对儿童在当前社会中的处境高度关注，在这样的高度思考整个行业的发展愿景，并主动推进整个行业的专业化进程，从更广阔的范围思考如何为幼儿的发展服务。你可以尝试扩展自己的工作视野，根据自身的条件和所处的工作情境，选择一个方向作为自己进一步的专业发展的侧重点，为幼教专业整体素质的提升和专业化进程作出自己的贡献。

这里列出众多的指标，并不是要求成熟型教师必须在所有这些方面都做得非常出色。这里的框架强调：专家型教师会把幼儿的成长和发展置于关心的焦点，而且会更广泛地思考幼儿的成长和发展，并不局限于一个班级幼儿在幼儿园里的直接保教，而把家庭、社会这些影响幼儿发展的系统同样放在专业工作的视野中。

根据评价领域的不同，各领域中也有不同的着眼点，指出该领域应该突出的价值取向或工作思路。如第一个领域强调专家型教师应有的专业热忱以及自我更新的一些行动。而第二到第七个领域则主要强调三个重点：一是把教育目标的制订建立在解读自己所面对的幼儿的基础上；二是不局限于仅仅通过正式的集体教学活动来实现教育目标，对幼儿的正式学习和非正式学习给予同等的关注，以整合、渗透的思路，对环境、材料、日常人际关系乃至个人榜样等可能与实现教育目标有关的因素均全面地加以规划和安排，当然还包括与家长的合作；三是教育的个别化以及给幼儿更多的机会参与环境、活动目标和过程的规划安排，关注每个幼儿在学习风格、学习速度、经验背景和兴趣等方面的差异，使投放的材料、活动持续时间等有一定的弹性，给幼儿提供一定的选择机会和决定权，甚至采取额外的措施满足一些特殊的需要。

第八个领域与第二至第七个领域的着眼点有许多相似之处，对前面的一些价值取向做了进一步的总结，如"利用评估辅助课程的设计、实施过程"和"吸纳幼儿参与课程的计划，使课程个别化"，但同时也强调了平衡各领域目标的"大课程意识"以及基于此的"整体课程规划"，可以与前面六个领域的指标相互参照着使用。

第九个领域也是横跨各方面教育目标的，可以围绕幼儿不同领域的发展目标来思考"家园共育"。主要围绕你如何与家长建立真正的合作伙伴关系、实现共育幼儿来设计评价的着眼点：理解家长的心情并主动了解家长的需求，具体地支持家庭教育，鼓励家长参与幼儿园中与幼儿发展有关的事务决策。

第十个领域是对成熟型教师扩展本职工作视野的特殊期望，可以有这样几种途径供你选择：帮助和提携年轻同行，发起或参与幼教研究，对与幼儿有关的社会、家庭和教育政策发表观点等。

使用提示

让自己重新面对问题：关注每个领域开头所列的"等待你发现的问题"，它们中有些属于儿童发展心理学中的重要问题，有些是本专业领域中争论的焦点，还有一些涉及一般的文化素养乃至人生感悟。也许你曾经在师范院校读书时已经得到了这些问题的答案，也许你在自己若干年的工作和生活阅历中已经形成了对这些问题的看法，但是现在，或许你可以重新审视这些问题，查阅当前专业界对这些问题的不同观点，倾听同事、同行对这些问题的理解，看看你原有的观点是不是需要修正、补充或者精确化。我们在这里并不试图直接给出这些问题的答案，因为这些问题很少有简单的标准答案，需要你通过反思、比较不断形成自己的认识。

与前面的体系相互参照：由于这个体系是与前面的体系配套使用的，前面体系所列的内容在这里不再重复。如保障幼儿的安全并培养其自我保护意识，这是幼儿园中最基本的工作，在新手教师的手册中，已经提出较高的行为标准。希望在教师成长的初期阶段，已经对此有较强的意识并逐渐形成习惯。如果你认为自己这方面还有欠缺或需要具体的提示，可以回顾前面的体系。

对案例加以评论：仔细读读每个领域评价标准（"试试这样做"）之后提供的案例，品味一下案例中教师的专业性体现在哪儿，评论一下这些教师的文化素养、人格品质和专业知识在他们理解儿童和对待儿童中各起了什么样的作用。也可以与同事们讨论、研究案例后所列的问题，共同围绕一些具体的问题寻求专业的认识。

利用表单记录自己的思想痕迹：本体系提供了一些表单，你可以用来记录自己职业经历中（如参加专业会议[①]、与人交流、阅读）所受到的触动及引发的思考，记录你的灵感和成功做法，还可以根据专题将积累的活页表单整理、组织成研究计划或者论文，在会议上或杂志上与同行交流，给他人以启示，也迎接他人的挑战，使自己的思想得到深化。

对体系本身提出修改意见：本体系是一个开放的体系，你可以结合自己试用这个体系的感受，把自己对所列指标的意见写下来。相信你的经验和建议会为改进这个体系、启迪其他同行作出贡献。

你的力量可能会使幼教界向更高的专业化水平发展，你的努力更会成就你"做最好的自己"，向着自己的目标出发吧！

[①] 根据丽莲·凯茨的《与幼儿教师对话——迈向专业成长之路》（南京师范大学出版社，2004 年）中对成熟阶段幼教老师专业发展指导的研究，此阶段老师所需要的是多参加座谈会、专题讲座，或是到大学、研究所进修。此外，广泛阅读相关资料及接触其他教育层面或阶段的人员也是必须的。但是座谈或研讨的内容与探讨的层次须与前面阶段有所不同，相对于新手阶段的老师，他们更喜欢内省探寻性讨论。

专业人员的反应包含了运用可靠的专业知识及见解来做判断，其目的着眼于幼儿长远的发展利益。

专业教师运用专业知识，考虑幼儿的发展和各年龄阶段幼儿的行为常模，及家长、学校、社区各方面人士的期望，再根据个人或园所的教育哲学、学习理论及个人或学校的目标，采取适当的技巧及反应来教导幼儿。

——丽莲·凯茨：《与幼儿教师对话——迈向专业成长之路》

引子

静静的水　长长地流

应彩云

10 多年前，我参加了一次教学比武，并获得了金奖。此后我的公开教学活动渐渐频繁，不知不觉中我开始倾心于活动形式的设计。一次次来自同行的褒扬更让我乐此不疲。终于，在设计活动"时钟滴答"时，我居然为了形式，制作了许多好看却不准确的纸质卡通钟，活动中模拟的钟根本无法使用，活动结果可想而知。

这时我才发现，喧嚣使我视线模糊，看不见平常生活中的真实；

这时我才发现，浮躁使我远离孩子，舍本逐末注重花里胡哨的形式，使教育空有外壳；

这时我才惊觉，对一个教师而言，最好的教育成果展示应该是孩子；

这时我才清醒，我是教师，不是教育秀的表演者。

在几近痛心的沮丧中，我努力地思考着，探寻着，"狠心"地剥去了罩在教育空壳上的美丽外衣，如凤凰涅槃般寻求着重生，以便使自己的灵魂回归于孩子，使教育的生命回归于平实、本真和鲜活。

每个教师可能都有过这样的体会：同样精心设计的教案，在实施时没有人观摩一定比有人观摩效果好。为什么？因为在公开教学时，我们会关注周围人的目光，这使我们心神不定，而无法全心全意地应对孩子。一个年轻的同事在进行公开教学活动后对我说："我看见您笑眯眯的，就越来越有信心了。"我疑惑了：教师的信心难道不是源于孩子而是源于观摩者？这样心猿意马是不是说明我们心存私念？它会给我们的教育带来怎样的影响？在经历了凤凰涅槃般的重生之后，如今有一种信念已在我心里深深地扎下了根，那就是：教师只有达到眼里只有孩子而无他人的境界，才可能处"波澜"而不"惊"。

从此，我静静的心湖里，唯有孩子激起的阵阵涟漪。

从此，我的心地越来越无邪，而我眼中孩子的世界越来越宽广。

于是，我发现娇惯的孩子可以独立，自我的孩子可以助人，任性的孩子可以协作……在与孩子的静静交融中，我们慢慢走向未来。

我知道，一棵小树苗要长成参天大树，时空相隔实在太久远；一颗蒲公英的种子一旦飘离花托，就难有回归的时候。所以，对过去了的人和事，我没有太多的期待。但是，当一个二十几年前的小男孩如今牵着他妻儿的手来到我面前时，我还是似梦似幻，泪流满面；我还是欣喜若狂，感激时间的回报。

这让我坚信：教师的影响可以在孩子的成长中留下烙印，一直到很久远。

这样想着，心就更静了，而由此体味到的做教师的幸福感也就更浓了。

但愿我们如水，静静而悠长地流……

（摘自应彩云：《静静的水，长长地流》，《幼儿教育》，2005 年第 9 期）

12. 专业热忱及自我更新

等待你发现的问题

1. 如果你的生活中少了与幼儿打交道的这项工作，你会有怎样的感受？这项工作对于你自己的人生有什么意义？

2. 你看重在工作中最大限度地发挥自己的能力和实现自己的价值吗？还是觉得自己在这方面"差不多就行"？

试试这样做

专业热忱

1. 意识到自己的职业倦怠迹象，寻找途径满足自己的发展需要，使自己保持活力和热情；了解自己的情绪特点，妥善处理工作、学习与个人生活的关系，保持良好的心境和乐观积极的生活态度，既会工作，也会生活和学习。

2. 认同幼儿教育是一个专业，要成为专业人士就需要长期不懈的专业学习和实践探索。

3. 在教育工作中追求创造性的劳动，视教育为艺术，追求创造性地使用现成的材料，糅合进自己的观点。

4. 以增进幼儿的幸福和发展为自己的核心价值追求，以深入地体察和研究幼儿为乐。

5. 深深体会幼儿的身心健康对整个社会持续发展的意义，把幼教工作视为一种为社会作贡献的事业而不仅仅是谋生的职业。

自我更新

6. 知道自己的仪表和言谈举止是幼儿潜移默化的学习资源，改正自己身上可能对幼儿产生不良影响的缺点，提高自己的修养。

7. 积累并更新自己关于幼儿身体、认知、语言、情感和社会性发展的知识，不断深化自己解读幼儿表现、判断幼儿发展水平的能力。

8. 做生活中的有心人，关心社会时事，主动扩展知识面，学习相关学科领域（语言文字和文学、艺术、数学、自然科学、社会科学、健康与运动等）的概念、原理、思维方法、行动方法及崇尚的价值，并经常联想自己的知识经验对于幼儿学习的意义，寻找与幼儿经验的契合点。

9. 保持对幼教领域实践最新进展的把握，了解新出台的教育文件，理解其背景，思考其对自己工作的意义。

10. 了解和理解本专业领域的道德规范和相关法律，并以此为指针处理自己与幼儿、家长、同事和领导之间的关系问题。

11. 有意识地对工作的平凡时刻加以反思，给自己提问，提出试验性的新观点或解决方案，并谨慎地加以验证。

12. 对教育改革思潮以及他人的观点、研究成果和经验持开放的态度，但不盲目接受，努力透彻地理解某些研究和观点，并在自己的实践中加以检验，与同行的经验相比较。

13. 欣赏他人的长处，抓住机会（如积极参加一些教研活动、会议，或者借助网络与他人讨论）与同事、同行乃至其他相关领域的工作者（如小学教师、心理咨询师、医生、作家等）进行交流，扩展自己的教育视野，激发自己的灵感。

14. 掌握与自己专业有关的信息来源渠道，如重要的报刊、网站、电视栏目和基本的参考工具书等，并经常加以利用。

案例

努力成就自己的幸福人生

工 作 篇

最近，听到太多的抱怨，来自第一线幼儿教师的抱怨，繁重的工作使人丝毫无法感受"花朵的事业"的甜蜜，这是件令人惋惜的事情。在近乎痛心的沉思中，好好地端详了自己的生活和工作。

幼儿教师在工作的时候应该是快乐的，因为我们的工作对象是孩子，他们的鲜活使我们的工作丰富而不单调，他们的纯洁使我们可以远离纷繁的成人世界而独享单纯。

幼儿教师在家的时候应该是快乐的，因为我们具备营造一个幸福家庭的"专业水平"和"专业素质"。不是吗？在幼儿师范学校里，专业学习中对人的揣摩和琴舞书画，足以让我们有能力建设一个风和日丽的家，并享受世间最为稳固而浓厚的亲情。

幼儿教师在哺育子女的时候应该是快乐的，因为母亲的柔情加上专业知识，使我们比一般的母亲更有优势把孩子养育成人。

只是所有的快乐，关键在于我们有没有心情来享受。而是否有好心情，关键在于我们的生命是否有激情，我们对生活是否充满热情。

年轻的时候，我就很喜欢小孩，这样的喜欢因太过感性而肤浅。随着与孩子越来越久地相处和母亲角色的加入，这种感情在越来越深沉中，不知不觉凝结成爱。

没有一种爱是没有热度的。所以，在爱的火热中，我敏感地享受到孩子带给我的幸福。一天，在身体很不适地带完班之后，我有些疲惫地刚要离开教室，骆驼小朋友走到我面前："应老师，累了吧。来，抱抱你！"当小男孩紧拥着我的手在我背上拍两下的时候，我感动得倦意真地被赶走了很多。

孩子的很多关爱方式，因为意外让人备感幸福。寒冬里，我忙碌着制作教、学具，由于与各种材料的接触，手指因开裂而生疼。孩子是细腻的，我偶尔流露的痛苦表情，孩子都能感觉。第二天，居然有7个孩子不约而同地带来了"邦迪"胶布，他们还执意要给我包上，边包边"唠叨"："要天天这样包着，再涂点香香（油脂）就会好的。"孩子笨拙而柔嫩的触摸，使我幸福得任由他们摆布，使我坚定不移地相信生活是会好的。

幼教工作确实是繁琐的，但是每当疲劳的时候，我总可以从孩子那里汲取到继续前行的力量，这应该是有爱的缘故。

生 活 篇

也因为有爱，我有了自己的家庭和儿子。

从儿子呱呱坠地起，我就知道我有多爱他：他让我变得脆弱——我会因他的啼哭而陪着泪流不止；他让我变得坚强——我会抱着十多公斤的他徒步两站去医院。他给我的生命注入了新的活力，他给了我更加丰富的生命体验。所以，无论怎样辛劳，我也要让他幸福，我要在我力所能及的范围内，给予他最好的，这几乎成了我重要的人生目标。

尽管下班时，我已筋疲力尽，但是，回家看见他，我又来劲了。我经常想：我的儿子应该和幼儿园的孩子共享我，甚至更多，因为他是我这辈子唯一永远拥有的无价之宝。所以，在他幼年的时候，我安排了每天和儿子相处的晚间活动表——要知道这是幼儿教师的专长，和儿子在亲情的玩闹中进行我的哺育。在他少年的时候，尽管日渐独立的儿子不再需要作陪，但是，我依然看似漫不经心地时刻关注着他的成长，在他需要的时候及时出现。

一次，我发现偏爱数学的儿子，有些轻视历史。一连几天，我苦苦寻找时机，因为对于一个正在成长的现代少年，简单粗暴的说教会因为他的逆反心理而变得没有意义。尽管几天的苦恼折磨得我内心焦虑而外表佯作平静，内心机敏而外表佯作迟木，但我相信我会有最好的办法的。几天后，在神奇的莫高窟前，我灵感乍现。我摸出手机，跟远方的儿子通话："……这里记载着王道士的可恶，你帮我找一下《文化苦旅》中余秋雨是怎么评说王道士的。"一个小时之后，我听到了儿子的评说："……所以，对于整个人类的文明保护，这未必是件坏事……"这时，我不在乎他对我说着什么历史内容，而在乎他正在积极地对我说着历史，我欣喜不已。

随着儿子的日渐长大，我会少了许多"劳力"而多了许多"劳神"，这需要更多的身心投入，我为此准备了足够的母爱和热情。

幼儿教师在幼儿园里，设计着各种各样的活动丰富我们的教学，所以，营造一些家庭气氛，给家人制造一些惊喜，对我们而言应该是雕虫小技，只是需要我们对家人的细心。

一天下班，我提着生日蛋糕回家，儿子和我摆好生日晚餐等待先生回家。当门铃响起，我点亮了蜡烛，儿子用小号吹起了"生日快乐"，把忘记自己生日的先生感动得一塌糊涂。

所以，不要错过每一个纪念日，它会使我们的平淡日子有滋味，使我们的平静生活有起伏。我们不能没有——幸福的家庭生活给我们带来的滋润和鲜活。

至此，值得明白的是，在爱的旗帜下，所有热情的放送，需要我们有足够的体力和精力。也就是说，幸福生活的体验是以健康为前提的。所以，我们要好好地保重自己的身体，为自己也为周围的人。值得庆幸的是，我有良好的运动习惯，每天晨跑，似乎激活了我身体里的细胞，让我一整天精力充沛、精神饱满，所以，我较少有累得失去理性的时候。值得反思的是，为什么我们不能拥有运动习惯呢？当然，保持健康的方式有很多，赶快去寻找适合自己的，并且持之以恒，不要半途放弃。

我想，只有充实而"富有"的人，才会情不自禁地给予；当给予变成一种幸福，那么我们在带给周围人幸福的同时，自己也享有了幸福。所以，不要忽略了自己的幸福感受，那是我们生命继续的源泉；不要抱怨和等待，自己的幸福只有自己来造就。

（摘自应彩云：《努力成就自己的幸福人生》，《幼儿教育》，2005 年第 3 期）

■ 可供讨论的问题：

怎样从生活和工作的点滴中体验幸福的感受？怎样调适自己的身心，使自己有长远发展的耐力？

认真赢得尊敬　投资获得发展（节选）·······························

宽心小站：您好！我是一名工作了二十多年的老教师了，现在每天仍在一线带班，工作起来任劳任怨，不辞辛苦，常被同事称为认真型的老师。有的朋友劝我，都四十多岁了，工作差不多就行了，别那么较真，更何况付出了那么多，如今不还是普普通通吗？我当时听了，心里很不是滋味。"差不多"是什么意思，我该怎么做就是"差不多"？是的，工作中我虽然积累了一些经验，但从朋友的话里，我能感觉到我与年轻教师之间的差距。我的路该往哪走，我忽然找不准方向了。请宽心小站的朋友帮我解开这个谜团吧。（小萍老师）

小萍老师：您好！读着你来信中简短的话语，我仿佛看到了你在工作中忙碌的身影，就像一株在山间默默开放着的百合，淡淡地散发着自有的清香，执著地呈现着花儿应有的美丽。很喜欢你在信中提及的"认真"二字，表达着一种对生活、对工作的态度。也许在你看来，这太过寻常。然而在今天这个充斥着浮躁气息的时代，"认真"已成为我们追求的一种品质，在"认真"面前，一切困难都变得不值一提，在"认真"面前，倦怠不会随意侵入心灵。

　　在我们园教职工中，有一位四十多岁的中年教师，她的身材因年龄的增长而微微发福，面容当然也没有年轻人那么娇美，但孩子们非常喜欢她，家长对她的工作也非常满意，原因就在于她"认真"地对待工作中的每一个环节。每次户外活动时，当孩子们随着动感的旋律进行操节活动时，我们总会看到这位老教师投入的身影，她全力地配合着节拍，舒展着臂膀。也许单纯从审美的角度看，她的动作算不上优美，但她却用自身的肢体语言向孩子们传达着运动的快乐。她教给孩子的不仅仅是锻炼的方法，更是一种"认真做好每一件事"的品质。当我将这个小小的片断讲述给所有的教职工听时，大家回馈的是一阵阵热烈的掌声，这是为她的"认真"而鼓掌。

　　我想，在你的工作中也一定会有许许多多这样"认真"的场景。因此非常想对你说，小萍老师，你的"认真"值得我们每个人尊敬！……谈及普通，想起那句让你感到困惑的"差不多"，我想这两个字眼是不能等同的。而且相信在你的内心深处，也不允许自己仅仅做一个"差不多"的老师，否则，何谈困惑呢！那让我们看看，如何在我们所从事的这份普普通通的职业中，远离"差不多"。有一篇文章叫《为自己的未来投资》，文中谈到在过去，有一些职业是随着年龄和资历的增长而越来越受欢迎的，比如老中医、老教师、老政治家等。然而，在信息、知识爆炸的当今，从事任何职业的人员如果固守着有限的经验是无法应对时代需求的。换句话说，如果一名教师不能终身学习、终身发展，那么面临的将是自身价值的贬值！文章作者推荐给我们的方法是主动投资，经营自己的职业生涯，并建议投资于学习和增加个人经历两个层面。这的确是一个积极的策略，有诸多的新观念、新思想和新方法，可以带领我们走出教学的困境与尴尬，可以让我们更加自如地面对教学。今天在幼儿园教师培训中所实施的继续教育工程、园本培训等，应该都是很好的学习途径。它提供给每一位教师平等的学习机会和权利，关键在于我们如何对学习定位，是将其看作是工作之外的负担，还是将其视为自己增值的有效手段，两种观念下的学习态度和学习成果都会大相径庭。网络、书籍、对话，更是为我们提供了诸多可以选取的学习途径，只要我们主动去寻找和把握，每个人都将会成为一名快乐的终身学习者。教学作为一个复杂的过程，仅靠观念、思想和方法是不能完成的，同时还需依赖丰富的教学经验。丰富的一线教学经验是我们宝贵的财富，主动接受各种教学任务，主动挑战各个教学难题，或许我们做的比别人多，承担的比别人难，但是我们所获得的却是他人无法替代的"经历"。这些"经历"恰似一种有效的投资，使我们的学识更渊博、经验更丰富，在普通的工作中，赢得幼儿的喜爱、家长的信服和同事的敬佩。

　　亲爱的小萍老师，聊了这些话题，不知道能否解开你心中的谜团，也许仅仅是一些建议和思路，但希望能令你从另一种角度思考你对工作的态度，审视你在这个职业群体中的价值，规划你未来的职业生涯。感谢你的坦诚，让我们看到了一颗进取的心！愿您在这条普普通通的幼儿教育职业路途中，走出自我，走出精彩！

（摘自刘燕：《认真赢得尊重，投资获得发展》，

《学前教育》，2007 年第 7—8 期）

■ 可供讨论的问题：

如何走出职业生涯的"停滞期"、实现自我超越？

13. 增进幼儿的健康意识和养成健康的生活方式

1. 仅仅由成人保护儿童的身体，与让幼儿自己体会身体健康的好处从而尊重、保护自己的身体，并逐渐养成有益健康的生活习惯，排斥不利健康的行为，会有什么不同？

2. 健康的生活方式有统一标准吗？当前，科学已经告诉我们哪些不利于健康的生活习惯？

试试这样做

评估幼儿发展，确定教育目标

1. 运用有关幼儿身体发育和健康指标的知识，观察幼儿的精神和情绪状态、异常行为表征和身体症状，评估幼儿的身体状况，在解释和处理幼儿消极情绪和行为表现时，将身体方面的因素考虑在内。

2. 针对幼儿对于健康的现有认识水平，将增进幼儿的健康意识化为具体的目标。

整合与渗透

3. 在健康的生活方式上为幼儿树立榜样（如洗手、喝水、吃健康食品、吃东西时不大声说笑等）。

4. 在日常生活活动中，与幼儿谈论饮食、睡眠、卫生习惯与身体健康之间的关系，使幼儿积累健康生活的经验（如早睡早起、活动锻炼对身体的好处）。

5. 提供书籍、图片（如食物金字塔、卫生宣传画）等材料和角色游戏（如饭店、食品糖果店、医院）的情境，引导幼儿产生对饮食、生活作息、卫生等方面与身体健康之间关系的兴趣。

6. 组织形式多样的涉及健康和安全话题的集体活动和亲子活动，与幼儿谈论生病与康复、身体残疾的应对、防范身体侵害、死亡等话题。

保教的个别化

7. 掌握每个幼儿的体质状况和家庭生活习惯，与营养师和保育员配合，满足幼儿餐点、生活习惯上的特殊需求，给患病儿提供必要的特殊照料，同时帮助幼儿认识自己的身体状况，以积极的态度让自己恢复健康。

8. 识别幼儿可能受到的身体虐待（如饥饿、殴打、性侵害等）的表征，寻求专业和法律的支持来帮助幼儿。

案例

父母如何教导儿童预防性侵害（节选） ·······················

社会新闻中儿童性侵害的问题时有所闻。根据统计，1—12 岁的儿童是高危险受害群，加害人大部分是儿童所熟识的人，父母该如何与儿童一同面对呢？建议是：主动与儿童一起讨论，让他们知道性侵害是什么，以及如何保护自己，并且可以用较轻松的方式谈论一些隐私以及可能令人困窘的字眼和话语。

什么时候你该跟孩子谈论儿童性侵害

你永远无法预测孩子会在什么时候遇到这样的情境，所以尽早开始为儿童做预防性的教育是必要的，即便是从幼儿园开始也不算早。

你如何跟孩子谈论儿童性侵害

首先，你要和儿童一起了解性是什么，什么是生理的欲望和自然反应，什么不是，以免让儿童把性和性侵害划上等号。接着，了解儿童如何称呼身体的各部位，包括隐私处，会使沟通更容易。目的是让儿童知道没有人有权利在未经他（她）同意的情形下碰触他（她）的身体，而且不让儿童有害怕或受到威胁的感觉。因此，开放、正向且温和的态度是最重要的。

你该跟孩子讨论的内容

和儿童谈论性侵害问题的目的是：让儿童可以正确地辨识哪些是性侵害的行为，并且让儿童有机会去思考及练习如何应付隐藏着性侵害危险的情境。以下是可以进行的步骤及话题：

1　隐私处

通常隐私处包括有胸部、生殖器官、臀部以及嘴巴等四个部位。可以强调每个人都要做自己身体的好主人，进一步解释被衣服覆盖的部位是特别且隐私的，要好好保护，不能随便让人碰触或观看，除非是在就医等特殊情形下。

2　性侵害

儿童必须知道大人试图侵犯儿童的隐私是不对的。有两种类型的性侵害是孩子必须知道的：

（1）没有碰触的性侵害，包括口语上的性骚扰、色情电话、要求儿童观看色情节目或图画等。

（2）碰触的性侵害，包括爱抚、口交、触摸隐私处、强暴、乱伦。儿童必须知道会做这些事的大人不一定是陌生人，也有可能是认识的熟人，但没有任何人是可以这样做的。

（引自 http://www.nn365.org.cn/news-2007-04-04-
4911756577230745.htm）

■ **可供讨论的问题：**

对幼儿进行性教育应把握什么样的分寸？如何轻松自然地与幼儿谈及性侵害的话题或对自己身体的保护？教师如何与家长沟通相关的问题？

珍爱生命正视死亡——浅议幼儿园的死亡教育（节选）

近些年随着儿童自杀和暴力等漠视生命的行为增多，全球尤其是华人教育圈已经逐步意识到这个现状的严重性。在我国台湾、香港等地，以生死教育为核心的生命教育蓬勃兴起。

生命教育的内涵极为宽广，它涉及伦理教育、宗教教育、死亡教育等范畴。在幼儿阶段，生命教育具体表现为三个方面的内容：生活教育、生理健康教育及生死教育。其中生死教育是一核心内容，即"我从哪里来"和"我到哪里去"的问题。生死问题从根本上说是一个难以获得标准答案的哲学问题，是非常个性化的一个问题。生死教育中的死亡教育在我国传统教育中一直是一个被回避的话题。然而，回避其实只能压抑人们自然的生命体验和感受，使各种体验和感受难以寻找到疏通的途径。幼儿究竟如何看待死亡的概念？作为生命教育的一个核心内容，死亡教育又该如何进行？

一、幼儿如何看待死亡

"我从哪里来"、"我到哪里去"这两个人生的根本大问题，在生命之初就被宛如哲学家般的孩子在日常生活中敏锐地感受到了。他们体验过产出时压迫的苦痛，体验过由疾病带来的呼吸困难，体验过由分离和死亡带来的恐惧；他们耳闻或目睹了宠物和亲人的死亡；他们听过童话故事中的各种生老病死……这些直接或间接经验都作为早期的身体感受深深地沉入到无意识之中作为自我的一部分，并且使他们形成了自己特有的死亡概念……回避死亡教育，更多反映了成人对此问题的消极态度。

二、幼儿园如何开展死亡教育

在生死教育中，死亡问题既是个科学问题，更是个哲学问题。探讨死亡话题是为了让孩子更加尊重、欣赏自己和他人的生命……可以在对话中慢慢理清孩子面对死亡现象时真正关注的问题是什么，随后自然地引入和采用相关的教育方法，如深入浅出的知识介绍、艺术的情感调动、生活化的操作体验等。整个教育过程大致有下面几个程序：

第一，理清问题，感同身受地去理解儿童面对死亡问题时表现出的对生命现象的好奇、惊讶、焦虑和恐惧，使他们能在情绪上得以暂时缓解。情绪的认同感常常是交流的第一步。儿童提出生死问题，在不同的情境下其内容和心理状态都是不一样的，所呈现的问题和对策自然也不一样。比如下面几个案例展现的儿童心理就完全不同：

案例一

角色游戏时间，小强与小兵在玩枪战游戏，只见双方拿出"手枪"瞄向对方，嘴巴同时发出"啪、啪"的声音。突见小强倒下，眼睛闭上，我问小强："你怎么了？"小强笑眯眯地说："我阵亡了！"接着，马上翻个身又站起来，展开又一次枪战。就这样，发出"啪、啪"声，倒下来，"我阵亡了"，站起来再发出"啪、啪"声……一场枪战可说是笑声不断。

案例一中，在玩着战争游戏的男孩心目中，"死亡"是这个游戏的一个必要环节，当然就无需将"什么是死亡"这个严肃的话题凸现出来破坏游戏的兴致了。

案例二

4 岁的丁丁看见了一只死去的麻雀，问题就不断地涌出来。"麻雀在干什么？""死了是什么意思？""它为什么会死？""它死的时候发生什么事了？""老师会死吗？""我会死吗？"他不知道这对于教师来说不是一个让人愉快的话题，他兴奋地大喊："我们再回到花园吧！我想看看麻雀是不是还是死的。"

这里，丁丁对"死亡"非常感兴趣，远远超过了他对此的恐惧。他展现的是单纯的对生命现象的好奇，是一种科学探索的热情。那么，这时候配以生动有趣的生命科学探索活动，满足他的求知欲望，也许是最适当的。

当然，大多数时候死亡现象都会带给孩子一种对长久分离的焦虑和恐惧，需要教师给予情绪上的安抚和认知上的澄清。

案例三

有个小男孩，平时喜欢在爸爸身上跳来跳去玩耍。有一天，爸爸心脏病突发过世，小男孩非常难过，认为一定是自己太顽皮害死了爸爸。家人怎么劝说都无效，最后只好求助于教师和心理医生。

这个小男孩面对父亲死亡时展现的更多是一种自责的心理。这时候最好立刻告诉孩子真相，找个跟孩子很亲的人，在孩子感到熟悉、安全的环境下，紧紧陪伴他，让他知道自己仍是被爱的，往后也会持续被关怀，以降低孤独感。也要让孩子知道不是自己导致爸爸死亡，没有人能预防死亡。鼓励孩子用语言及肢体表达内心感受，可问问孩子在想什么，想知道些什么等。

第二，直面问题，态度真诚。这需要成人自己先抛开对死亡问题含糊其辞、不敢直面的胆怯心理，不能再认为死亡这些终极问题因为与日常生活和世俗追求无关而回避它，而要郑重地重新面对这些自己幼年时期也提过的哲学大问题。最能体现教师对交流的真诚态度莫过于关注幼儿正在关注的问题。在直面问题时，教师需要储备充分的科学知识应对幼儿的好奇；也需做思索态度的准备，重新把自己从繁杂的日常事务中抽身出来，体验和思考这些生与死的人生大问题。

案例四

外公去世了，那年他才两岁。一天夜里，他突然想起外公，深深怀念，这时他已经六岁了。妈妈于是坐下来，听着孩子对外公的回忆。渐渐地，她由惊讶、惊喜转而和孩子同样想念外公。他们想念外公的胡子，想念外公的眼睛，更想念外公怀抱的味道。(夏洛特·佐罗托著:《想念外公》,故事概要)

这里，妈妈非常清楚孩子的悲伤情绪，并让孩子表达出自己的感受，让自己也重新面对亲人死亡这个已经过去了的事实，重新体验这种悲伤的情绪。无疑，她和孩子在情感上站在了同一平台，这是最真诚的亲子态度。

第三，建筑平台，平等交流。生命的成长和发展是有阶段的，在出生、成长、壮年、老年、死亡等生命阶段中，教师和幼儿明显地处于不同的阶段。就算你在人生路上已经是匹"老马"，也不能否认一个成长中的孩子对生命问题的体验和思考。要知道，个体的生命体验永远是个别化的，一个幼年健康的母亲永远无法得到身体孱弱的孩子的生命体验。你们最好的关系是像"忘年交"一般平等地交流。在交流中，作为"识途老马"，你所能给予的就是你自己曾有过的体验和思考，而不是直接以"教化者"的身份将你的人生教训和科学知识灌输给他，不能勉强他走你规划的人生之路，或者接受你对生命的认识及诸多复杂抽象的科学知识、世俗知识。

在交流时，因为语言的障碍，你需要注意的是建立适当的平台，与孩子形成平等地位的交流。尽量通过谈话了解孩子对死亡问题的现有认识以及他生活的具体情境，从而寻找一种恰当的途径来表达自己对这些问题的思考。比如在案例三中，在告诉小男孩父亲死亡的真相时，说话要简洁清晰，不必过度强化细节，使用适合该年龄的语言及概念，年龄愈小，解释要愈简单。简洁通俗的科学介绍可以解惑，相反，不恰当的类比和撒谎通常会引起孩子新的惶惑。所以最好不要跟小孩说爸爸只是睡着了或出去旅行，这会让孩子害怕睡觉，担心自己永远也醒不来，或当家人出远门时，担心他们再也不回来了。

与儿童交流死亡话题，一定要在感同身受的同时给以诗意的审美的参与，要结合情境寻找一些最适宜的方法。这里有一些常见的学校死亡教育的有效方法:

(1)课堂教学或神奇的圆圈讨论:通过正面的科学死亡教学帮助孩子了解真正的死亡，并以坦然及接受的态度面对死亡。神奇的圆圈讨论可以让儿童和他人分享情绪，儿童如果发现别人也对死亡有相同情绪便会感到慰藉。

(2)文学:在孩子面对死亡冲击时，童书是让孩子认识真实的桥梁。童书可提供机会让小孩表达哀伤与恐惧，并提供替代性经验。对年幼的小孩，教师可以大声朗读一些有关死亡但没有恐惧感的童话故事。

（3）倾诉与写作：以故事、写信、自传或日记等形式来表达悲伤、生病、死亡等情绪，可使其内在情绪通过倾诉和写作的表达而获得处理。

（4）游戏治疗：儿童可通过象征性游戏来表达他们觉得痛苦或难以用语言表达的死亡情绪，教师可在游戏中了解儿童未表达的情绪。

（5）角色扮演：角色扮演的主题可由教师和幼儿一同来创造，允许幼儿表达他们的焦虑和恐惧，此经验可提供儿童应付死亡事件的情境。

（6）艺术治疗：通过艺术（如黏土、绘画）、唱片或录音带帮助孩子表达语言无法表达的情绪。

（7）举行座谈会：教师可为失去亲人的孩子举办座谈会，让他们讨论或安排一些活动（如找一块空地让孩子踩脚、呐喊等），助其表达、疏解情绪。这样不仅可以提供给幼儿心灵上的支持，降低其发脾气或沮丧的概率，也可以让孩子重新获得自信。

（8）在活动中谈生死：让孩子投入大自然，体悟四季转换、叶子从新生到凋零的过程。另外，讲家族故事和饲养宠物都是死亡教育活动的好途径。

生命教育者在交流时注重传达一种贯穿始终的尊重生命、善待生命的态度和信念，而不是什么具体的教条。这种交流的过程，更多是一种教师人格影响的过程。孩子从教师共同参与的对死亡问题的探究过程中，领会了科学精神，体验了对生命的感动，感染了对生命的尊重和欣赏的态度。正是从这个角度，我们才可以深切地理解生命教育者们说的"生命教育是体验与思考并重、生命感动生命的互动性的教育过程"。

（摘自古秀蓉：《珍爱生命正视死亡——浅议幼儿园的死亡教育》，

《上海托幼》，2006 年第 5 期）

■ 可供讨论的问题：

你自己对死亡话题抱有什么样的态度？对幼儿进行生命教育的主要目的是什么？

14. 促进幼儿的人格健康与社会性发展

等待你发现的问题

1. 学会做人、学会面对不同生活境遇、学会与他人友好相处，在幼儿阶段的教育中是否应该作为优先的目标？

2. 周围人身上的哪些品质你认为是"为人"所必需的？

3. 维护幼儿作为"人"的权利与他们的人格和社会性发展有什么样的关系？

4. 怎样让幼儿牢固地形成良好的品质，由"习惯"而"自然"？

试试这样做

评估幼儿发展，确立教育目标

1. 运用有关自我意识、社会性和品德发展的阶段特征和影响因素的知识，评估幼儿的自我意识与社会性发展的当前阶段与"最近发展区"。

2. 谨慎区分幼儿人格与社会性发展特征的"度"，恰当处理一些目标之间的关系，如自信与自恋（自我中心）、好奇与追求刺激、谦让与怯懦、勇敢与鲁莽、好强与虚荣等。

整合与渗透

3. 注意自己的心理卫生保健，规范自己与幼儿交往中的行为，在自信和自省、友善和尊重、协商和合作、关心和体谅、乐于助人和感恩、直面困难等方面为幼儿树立具体的榜样，并引导幼儿寻找周围其他的学习榜样；控制自己的情绪，杜绝斥责、讥讽幼儿。通过积极的、带鼓励性的语言、表情和身体姿势，营造和谐的班级人际气氛，让每个幼儿都有一种被重视和被接纳的感觉，使每个幼儿都感到安全和舒心。

4. 提供的活动材料适合幼儿的兴趣和发展水平，能让幼儿品尝到努力后成功的喜悦；创设需要分享、协商、互帮和合作的游戏情景，增进幼儿之间的同伴交往；创设一些让幼儿"宣泄"情绪或放松、独处的场所，教幼儿排解烦恼的方法，使幼儿的情绪得到合理的平复。

5. 在协助幼儿处理与他人之间的冲突时，帮助幼儿观察他人（包括幼儿和成人）的表情和行为，理解他人的意图和情感及其产生的原因，如高兴、生气、悲伤、害怕等，指导他们以恰当的方式表达自己的需求和情感；了解幼儿的社交喜好，帮助他们交朋友并珍惜友情、亲情。

6. 在各类游戏和学习活动中，提供机会让幼儿对自己的作品和行为进行自我评价——进步的地方和改进的打算。

7. 当幼儿做错事或遭遇挫折时，鼓励幼儿认识自己的长处和短处，勇于承担责任，帮助幼儿直面问题，启发幼儿自己寻找弥补和解决问题的办法，克服困难并体验积极的结果。

8. 必要时，将幼儿生活中遇到的问题和人际交往事件引申为集体活动，用故事、角色扮演、讨论等方式组织幼儿讨论人在能力、性别、相貌、喜好等方面的差异，引导幼儿学会接纳自己，体谅他人；帮助幼儿了解某些人伤害儿童的行径，并教幼儿自我保护的应对方法；利用带有人文色彩的节日或事件（如母亲节、父亲节、老人节、残奥会、特奥会等），引导幼儿关注不同的人群，学习关爱不同的人，树立健康的生命意识；教幼儿克服恐惧的一些方法，使他们逐渐勇敢起来。

9. 关注幼儿入园适应、入学适应、家庭生活紧张和变故这些影响幼儿人格和社会性发展的特殊时期，帮助幼儿渡过分离、焦虑等心理危机。

10. 指导家长关注幼儿对爱和关注的心理需求，客观地评价幼儿，对幼儿寄予恰当的期望，并在一定的范围内尊重幼儿的自主选择；教孩子既学会接受爱，也学会给予爱。

发挥幼儿主体性与教育的个别化

11. 提供机会让幼儿参与制订班级规则。

12. 认识到幼儿不同的气质类型在应对不同情境时各有长处，不用同一标准评判不同类型的幼儿，给各种风格的幼儿提供宽松的人际环境，如给内敛、缓慢的幼儿更多的时间，引导活泼、冲动的幼儿注意细节等，以"疏导"的态度对待不同幼儿的个性；同时，发挥不同类型幼儿的特长，提供适合其个性的、易于取得成功的活动，让幼儿"找到自我"。

13. 经常观察幼儿的情绪、行为，及时辨别可能存在的心理问题，尝试寻找原因（如：是否有可能遭受漠视不管或人际交往缺乏，甚至被歧视、虐待），用爱和信任去打破幼儿的戒备之心，并与专业人士和家长一起给予恰当的干预。

案例

帮助每个孩子树立良好的自我概念（节选）

在一次"教育新观念和新方法"的系列讲座中，我第一次听到了"自我概念"对人的影响。当时正值我接了一个新中班，班上个性强的孩子多，于是，我想用这一理论来解读班上的孩子们，并尝试改变我的教育行为。于是，我设计了调查问卷，并请家长帮助询问和了解孩子真实的想法。问卷中有这样的问题：你是班上的好孩子吗？你有哪些优点？老师喜欢你吗？喜欢你什么？你喜欢老师吗？喜欢老师什么？

通过问卷调查，我得知班中有两个孩子认为自己不是班上的好孩子。其中一位叫小鹏，他自述的理由是自己爱打人。孩子们的自我评价，引发了我的反思。

小鹏生活在离异家庭里，他跟着妈妈住在姥姥家，舅舅的不接纳又使妈妈经常以泪洗面，不和谐的家庭环境给小鹏造成了严重的心理障碍。我明显地感觉到小鹏对谁都怀有敌意，常常莫名其妙地动手打人。有一次，小毅只是从他身旁走过，他上去就给了人家一拳。当我问他"你为什么要打人"，他的回答更令我震惊，他说："我一看小毅的表情，就知道他要打我，所以我就打他。"这一回答反映出小鹏的防御心理和对周围环境的不安全感。为了改变他的行为，我以前也做过很多努力，但是效果并不明显。

感悟：望着小鹏的自我评价，我心里有一种说不出的滋味。虽然自己从未讲过小鹏不是好孩子这样的话，但是他的这种感觉一定是我给予的。小鹏爱打人这是事实，问题在于对他的优点我看到了多少？表扬了多少？我只关注问题、关注缺点的行为带给小鹏的就是这样一个心理阴影。要改变小鹏的行为和自我评价，首先应改变的是教育的关注点和教育的方式。

当我将帮助小鹏树立良好的自我概念作为教育的出发点和落脚点时，我的教育行为就随之发生了变化。这天上午角色游戏时，小鹏又像往常一样头戴大沿帽，手握指挥棒，玩着他最喜欢的警察游戏。一会儿，他见司机没有听他的指挥，就开始举着指挥棒满院子追汽车要打人家。此时的娃娃家正乱作一团，原因是妈妈肚子疼，躺在床上已经不能动了，家里人有的端水送药，有的帮忙揉肚子，有的在商量赶紧上医院。见此情景，我随即给娃娃家的爸爸出主意："我们应该赶快请警察帮我们叫辆出租车把妈妈送医院，不然妈妈会有危险的。"听了我的建议，娃娃家的成员们纷纷跑到外面请小鹏帮忙截车。这一游戏情景将小鹏追车的蛮横行为合理化了，在满足了娃娃家要求的同时，又将小鹏引入到自己的角色之中。很快他就把车带到了娃娃家，并亲自指挥着车辆把妈妈送到了医院。为了让小鹏有积极的情感体验，在把病人送医院以后，我提议全家应该每人想一条理由去感谢警察。当小鹏听到来自娃娃家的谢意后，看得出他很兴奋。为了强化他这种感觉，在游戏分享时，我又特意表扬他，并请娃娃家的成员讲一讲各自的感受。妈妈说："当时我肚子特别疼，疼得我走不了路了，幸亏警察帮忙用车送我去医院。"爸爸说："当时我很着急，谢谢警察帮助我找车、追车……"

感悟：我及时将小鹏的负面行为赋予了正面意义，帮助他将追车打人的行为转变为追车助人的行为，并通过娃娃家成员的感谢与感受，又使这一归因得以强化，让他从中感受到帮助别人也会给自己带来快乐，树立"我是愿意帮助人的好孩子"这样一种意识。

结合小鹏爱当警察的特点，我在日常游戏中利用角色意识帮助他纠正不良行为，启发他学着为别人做事。游戏时我常常提示他："想一想，警察叔叔会怎么帮助别人？看一看，我们可以帮助大家做些什么？"于是，小鹏走东家、串西家，帮助娃娃家换煤气，为司机修车，替商店送货，俨然是一位受人尊敬的人民警察的形象。他的主动服务赢得了大家的赞许和肯定，也为他改善同伴关系、建立良好的自我概念、感受人与人之间的友好关系打下了良好的心理基础。为了使小鹏将游戏中的模仿行为转变为生活中的主动行为，将角色中的约束力转变为进步的动力，同时，也为了帮助小鹏消除对周围环境的不安全感，我注意营造关心、友爱、互助的班级氛围。我和孩子们共同开展了"中一班的故事"、"天天进步"等活动。请小朋友们共同感受、发现和讲述发生在我们集体中间的好人好事。每天的讲述和反馈活动，帮助我和孩子们将关注点集中在发现他人的优点和需要上，也使小鹏和全班孩子一样天天在感受来自于集体的温暖，感受自己的进步，天天对自己抱有希望。

一次，小鹏的手戳伤了在家休息，大家怕他独自在家闷，就共同给他写了封热情洋溢的信，向他介绍了那几天班里发生的事情，又集体录制了两盘磁带，里面有孩子们的祝福、讲的故事、笑话和唱的歌。我们希望这些能够带着大家的关爱伴随小鹏独自在家的时光。

在小鹏收到了大家的来信和充满爱心的礼物的第二天，他就迫不及待地要妈妈送他来幼儿园，小鹏的到来使班上像过节一样热闹非凡。孩子们见到小鹏手上裹着纱布，既关心他又怕碰疼他。于是，我们一起讨论怎样帮助和保护小鹏。在大家的充分讨论下，有的负责帮助小鹏洗手、照顾他吃饭，有的负责帮他搬椅子、铺床叠被，还有的专门负责保护他的手不被人碰到。

小鹏被感动了，小鹏的妈妈也被感动了。在小鹏病好后，妈妈特意带着一封发自肺腑的感谢信，亲自到班上向全班小朋友表达谢意。小鹏在感受着来自方方面面的爱心和肯定的同时，也学着传递自己的爱心：每天午睡起床时，他总是忙不停地帮助别的小朋友叠被、抬床；在游泳返回时，他主动把自己的帽子戴到忘记戴帽子的小朋友头上……

小鹏在这一件件小事中不断地改善着自己与同伴的关系，一点点地确立着良好的自我概念。

感悟：良好的自我概念对孩子成长至关重要，但自我概念的形成却源于成人的评价和周围环境的评价。教师是关注孩子的优点，还是关注孩子的缺点，会影响着教育行为和幼儿的心理感受。关注优点就会使孩子感受到来自他人的欣赏，这种感觉会帮助他们成长。同时，我们也应该认识到：孩子的缺点和错误是正常的，他们要学习就要尝试错误。活动室应该是允许孩子尝试错误的地方，犯错误是他们成长过程中的必然经历。

用欣赏的眼光看待孩子，我们就会发现孩子身上更多的优点。"让他人因为我的存在而感到幸福！"这是一位优秀教师的感悟，让我们以此共勉。

（摘自沈心燕：《帮助每个孩子树立良好的自我概念》，

《学前教育》，2007年第5期）

■ **可供讨论的问题：**

幼儿的自我概念与社交行为之间有什么关系？教师如何干预幼儿不恰当的自我感受、帮助他们摆脱自己头上的消极"标签"？

关注孩子的情感世界

小班时，班里养了一只小白兔，孩子们很爱它。有一天，小兔子死了，我们就把它埋在幼儿园的白玉兰树下。从此以后，每当走过白玉兰树、每当春暖花开时，孩子们就会念叨这只小兔子。一晃三年过去了，毕业前夕，孩子们各自去向熟悉的教师、朋友告别。突然，我看到几个孩子跑到白玉兰树下，低着头双手合十虔诚地说着什么，我的眼睛一下子模糊了。

"关注幼儿的情绪反应和情感体验"是《上海市学前教育课程指南（试行稿）》对幼儿园组织实施生活活动所提出的具体要求。在长期与幼儿的接触中，我真切地感受到孩子的情感世界真实而又丰富，需要成人的密切关注。反思过去，我们的生活教育总是关注认知因素，关注生活技能的掌握，而对他们的情感反应与体验却缺乏应有的重视。

......

一、珍惜孩子自然、健康的情绪感受

孩子的情感并不完全外露，有时比较内隐，我常常通过谈话来了解孩子的想法，了解孩子的自然情绪与感受。有一次，我和中班孩子就"喜欢做大人还是做小孩"这个话题进行交流，结果有 19 个孩子表示喜欢做大人，理由各不相同：有的要做数学家、科学家、老师；有的要工作、赚钱；有的认为长大了可以做超人保卫地球；也有孩子说长大了就想做个好妈妈或好爸爸，等等。不喜欢做大人的孩子有 9 人，理由是"小孩可以天天玩"、"小孩可以多睡觉，睡很长时间"、"因为小，爸爸妈妈会宝贝我"等。无论孩子是喜欢做大人还是喜欢做小孩，也无论孩子长大喜欢做科学家抑或只是喜欢做好妈妈好爸爸，都是孩子自然、真实、健康的想法和情绪感受，教师都应予以关注、接纳和尊重，切不可认为喜欢做科学家的孩子就是理想远大、有出息，从而加以表扬鼓励；不喜欢做大人的孩子就是不自立、没出息，从而加以否定批评，无视孩子健康的情感体验。

总之，教师应密切关注孩子的成长，这会令孩子们感到安全、满足和愉悦，有助于他们感受学习生活的乐趣，形成健康向上的生活方式和态度。

二、引导孩子体验和形成积极的情绪情感

每个孩子都渴望爱与被爱，这是他们成长中的心理需要，是他们最初人格形成的基点，其核心就是感受和体验。教师日常不经意的言行会成为孩子们判别自己是否被爱的依据，因此，教师每天都要注意和每个孩子交谈、交往，向每个孩子表达自己的喜爱之情，如积极回应孩子的问好，摸摸孩子的头，抱抱他们，始终面带微笑询问他们的想法，倾听他们的诉说，并作出反应，时时让孩子有着积极的情感体验。

......

三、家园配合及时疏导孩子的不良情绪

现在的家长虽然通过各种媒体，了解了许多新的教育观念，但大多数家长还是比较注重孩子知识、技能方面的发展，比较忽视孩子的情感需要。一次与幼儿的谈话中偶然涉及"哭"的话题，"为什么会哭"的问题充分反映了孩子内心的需要、不满及困惑。据统计，有 16 个孩子哭是由家庭中成人对待孩子的态度、行为引起的，如"爸爸打我"、"我毛笔字写得不好，爸爸骂我"、"爸爸妈妈吵架，我很生气"、"我没错，妈妈还打我"等。另有 6 位孩子哭是因交往受挫，如"没有人和我做好朋友"、"因为我做错一点事，小朋友就不原谅我"等。因内心需要得到满足而感动得哭的只有 1 人，"我过生日时，小朋友都和我握握手，还抱抱我，我太感动，就哭了"。我将孩子们说的话整理出来贴在"家园联系栏"里，写上"亲爱的家长，你能读懂孩子的心声吗"这一内容，引起了家长的极大关注，许多家长看了好几遍，受到了很大的震撼和影响。他们积极与教师沟通、交流，商量策略，修正自己的言行，帮助孩子疏导不良情绪。

孩子的情感世界是丰富多彩的，如果教师能意识到并尊重孩子独特的情感世界，那么在日常活动中就不应只关心孩子学到了什么，而更应关心他们喜欢什么、不喜欢什么；不应只关心孩子行为的好坏，而应关心他们对善举有没有积极向往的意愿；不应只关心孩子有没有学会某方面的技能，而应关心他们欣赏什么，推崇什么。

(摘自龚敏：《关注孩子的情感世界》，《幼儿教育》，2005 年第 2 期)

■ 可供讨论的问题：

幼儿满足、愉悦的情感体验对于他们的心理健康有着怎样的意义？怎样帮助幼儿形成积极向上的情感状态？

不轻易批评、不随便表扬 ··

法勇青老师很少批评孩子。法老师班上没有尖子生，也没有能力特别差的孩子。她的习惯做法是让幼儿知道班上的每个人都有自己的本领，同时每个人也都有不如别人的地方。她对聪明但骄傲的孩子采取"压一压"的办法，而对能力比较弱的幼儿实施"扶一扶"的措施，一有进步就向全班宣传。法老师为什么会这样做呢？

她认为，多批评容易使孩子产生自卑。有时孩子无意中做错了事，教师要真诚地告诉他们应该怎么做，绝对不要训斥，一定要尊重孩子。幼儿虽小，也有自尊心。设想一下，站在你面前的是个成人，你能随便教训他吗？教师的眼中不应该有差的孩子，每个人都可以提高。有人这方面容易提高，有人那方面容易提高。教师认真发现每个孩子真正的"闪光点"很重要。教师要想让一个幼儿克服自卑，一定要找出他的特长，即优于别人的地方，并加以表扬。这样，不但别人认可，他自己也能找到良好的感觉。教师绝对不能糊弄幼儿，或夸大他们的某些优点，这对他们今后的成长是不利的。

每个班上都会有几个能干的孩子，但老师不能对这样的孩子特别青睐，有事要让值日生干。她不主张幼儿园里出现"小老师"，一部分幼儿管另一部分幼儿。她认为所谓的"尖子生"都是教师造成的，是教师在潜移默化中让幼儿认可的。她主张教师要让幼儿有均等的发展机会，不能对一部分幼儿另眼相待。

心理学研究表明，幼儿恰当的自我评价源于成人对他们的评价。如果教师对幼儿的评价不客观、不正确，幼儿很可能产生错误的自我感觉。这对幼儿的成长将造成不良影响。因此，真正尊重幼儿，除了不轻易批评外，也不能随意表扬。法老师之所以能成功地"转变"能力较差的幼儿，是因为她通过潜心研究，发现了孩子身上真实存在的"火花"，可以"燎原"的"火花"，这就是法老师班上无"差生"的秘诀。

（摘自杨宗华、黄娟娟：《"静静地"带领孩子们成长——优秀教师法勇青的
教育经验研究片断》，《学前教育》，1999 年第 3 期）

■ **可供讨论的问题：**

教师对于幼儿的评价与幼儿的自我概念之间有着怎样的联系？

和孩子一起面对生活中的"大问题" ·····························

碰到"好问题"

游戏结束后，我和孩子们讨论着今天的游戏。当讨论到一个物品归类游戏时，奇奇突然问："为什么剪刀既是学习用品，又是厨房用品？"我很惊讶，做教师十几年我第一次碰到这样的问题，但我意识到这是个好问题。"其实，剪刀还是木工工具。"有个小朋友在一旁补充。于是，我追问道："谁能回答这个问题？"所有的孩子都哑口无言。霎时，我真有那么一丝冲动想告诉孩子们："因为剪刀本领大。"但我还是忍住了，和孩子们一起把问题记录到了"问题树"上……

周五，寄宿制的孩子要回家了。临走的时候，我问："谁还记得奇奇的问题？"没想到大多数孩子都还记得。于是，我鼓励孩子们利用双休日去调查"剪刀到底有什么用"。

遭遇困惑

连续两个星期，孩子们交来了许多"调查结果"，剪刀剪鱼，剪刀剪头发，剪刀剪手指甲，剪刀剪布，剪刀剪纸，剪刀剪花，剪刀剪羊毛，剪刀剪线，剪刀做手术……面对这些"杰作"，我深信每个孩子都能绘声绘色地描述自己的调查过程，并能从中挖掘出许多有价值的信息。但我困惑：除了交流"调查结果"，我还该做些什么呢？

思索之后，我写下了一个集体活动方案，确定以下目标来实施"深入教育"：(1) 在收集资料的基础上，通过集体交流，知道剪刀在生活中的各类用途。(2) 通过观察各种各样的剪刀，发现剪刀的异同，引发进一步的探索。

在这样的目标引领下，我首先组织幼儿做"说剪刀"的游戏，将幼儿分成两组，用抢答的形式来说说"生活中剪刀可以剪些什么"。其次，我引导孩子玩"分类"游戏，即根据教师的指令，将大家收集的各种资料归类。如：当剪刀剪哪些东西的时候，它是厨房用品？当剪刀剪哪些东西的时候，它就成了学习用品？什么时候剪刀可以成为木工工具？最后，我让幼儿观察收集的各种剪刀，启发他们讨论：剪刀有什么相同的地方？剪刀为什么要有那么多的不同？

活动结束了，我反思所有的过程，觉得确有收获。幼儿通过归类解决了生活中的"大问题"，他们认识到了：当剪刀做手工、剪纸的时候，它是学习用品；当剪刀用于剪鱼、剪葱的时候，它就成了厨房用品……可在反思中我总感到活动中缺了点什么。

弥补缺憾

今天，趁孩子们午睡，我把前两天集体活动中幼儿分类的各种结果展示在活动室墙面上。起床后，孩子们马上聚在一起谈论开了。这次他们的谈论显得很有"水平"。"当剪刀剪这些东西的时候，剪刀是学习用品。""剪刀还可以是缝纫用品。""剪刀也是园林工人用的工具。"……

我特地问奇奇："告诉我为什么剪刀既是学习用品，又是木工工具，还是厨房用品呢？""因为剪刀样样东西都能剪，剪刀的本领很大。"奇奇的话让我茅塞顿开，我终于意识到"缺的是什么"了——在与孩子共同面对生活中的"大问题"时，教师到底应该关注什么？是利用大量的资料来解决"剪刀分类"这一知识点，还是通过现有的、大量的资料引导孩子领悟"剪刀与人类的关系"，从而激发儿童的一种态度、一种情感？我终于明白在师幼共建的主题活动中，教师绝不能仅仅关注主题活动中的某一个知识点，而应精选那些有利于幼儿终身发展的内容培养儿童的积极态度。于是，我创编了一个《剪刀店里的故事》，讲给孩子们听——

夜晚，剪刀店关门了。剪刀们和以往一样又开始开会了，今天他们讨论"谁的本领大"。儿童剪刀得意地说："瞧我，我的模样最漂亮，花花绿绿，小朋友都爱我。"缝纫剪刀不服气地说："我才奇特呢！我的头是弯曲的，我能钻进缝纫机里工作。"绿化剪刀自豪地说："要说本领，你们瞧瞧我的个头，就能猜出我力大无比。"手术剪刀也不甘落后，他大声地说："我的本领最大。手术中少不了我，我能挽救生命。"……他们你一言我一语，争论不休。这天，幼儿园老师带着小朋友来参观剪刀店。"这把剪刀真漂亮。""这把剪刀真大呀。""这剪刀的头怎么是弯的？""哇，有那么多不一样的剪刀。""剪刀为什么不一样？"老师告诉小朋友："因为生活中有许多地方要用到剪刀，所以人们就根据不同的用途将剪刀设计成各种各样。剪刀的用处可大啦。"听了老师的话，橱窗里的剪刀们你看看我，我看看你，从此再也不吵了……

(摘自徐则民：《和孩子一起面对生活中的"大问题"》，

《幼儿教育》，2004年第9期)

■ 可供讨论的问题：

怎样看待题目中所说的"生活中的大问题"？教师在引导幼儿学习关于事物的知

识时，如何自然地引申到"如何做人"的话题上，让孩子从学习中获得更大的启示？

在美术活动中帮助幼儿积累有助成长的经验（节选）······················
······

二、感情经验的成长

内容对激发幼儿感情所起的积极作用在幼儿创作中是十分重要的。在涉及美感经验时我还会着重讲这些问题。现在我希望大家重视的是培养幼儿的自信心和积极进取的学习态度——这一与幼儿创造关系非常密切的感情问题。我在许多年以前就已经提出过这样的观点，即教师必须保护每一个幼儿的自尊心，幼儿的自尊心一旦受到伤害就会失去自信，没有自信也就没有大胆创造的热情和勇气。有很多幼儿拿着笔停在那里不动弹，通常不是不会画，而是不敢画，教师首要的工作就是鼓励幼儿大胆表现，例如在画"小熊过桥"时，有3位幼儿花了20分钟还没有把小熊画好；有一位幼儿虽然画得并不十分相似却画满了整张纸，我肯定了画满画面的幼儿作品，并请全体幼儿来当小医生，帮3位幼儿找一找画得慢的原因。小朋友们都说：不要怕，就像小熊过桥那样勇敢地画出来。孩子们的心理压力消失了，产生了大胆创造的信心，对美术活动的兴趣也逐步提高。

······

五、社会经验的成长

美术活动是幼儿表现个人对周围事物的认识和情感的活动，从某种意义上来说，它与幼儿创造性游戏一样，对推动幼儿的社会化过程起着积极的作用。另外，美术活动虽然十分个人化、个性化，但幼儿在幼儿园里的任何活动都是处在集体之中，美术活动也不例外，必然涉及许多社会性的行为。

实例一：

幼：老师，我画好了！

师：旁边还有许多空的地方，再加一加。

幼（只过了两分钟）：老师，我画好了！

师：颜色还没有涂好。

幼（又过了两分钟）：老师，我画好了没有？

师：······

实例二：

师（展示幼儿的作品）：你最喜欢哪一张图画？

幼儿甲选了一张平时和自己经常在一起玩的小朋友的作品，幼儿乙选了一张经常受到大家称赞的同伴的作品；幼儿丙向幼儿丁暗示选自己的作品，幼儿丁表示接受，选了他的一张。其他小朋友认为不关他们的事，在那里东张西望或自己玩耍。

实例三：

师（取出一张技能一般的作品）：这张画好看吗？

幼：不好看！……乱七八糟！……哈哈哈哈。

这些情况在美术活动的评价中时常发生，反映了幼儿既不会评价自己，也不会评价别人。我问过许多教师，她们都向我表示对运用评价的困惑。其实，评价虽然只是美术活动的一个环节，而且时常放在活动的最后部分，但是，评价不只是为了提高幼儿的审美能力，评价过程也是教幼儿学会怎样尊重别人的工作，怎样学会相互学习、相互帮助，在相互评价中学会自我评价的过程，这一切与幼儿社会性行为的发展有着密切的关系。教师应重视研究这些问题，采取灵活多样的对策是十分必要的。

选取一张中等水平的作品为具体标准（例如画面是否丰满、颜色是否均匀），要求幼儿对照自己的作品去评价。

要使幼儿懂得无论同伴画得如何，都花费了许多劳动，不能使同伴感到伤心或泄气，我们可以用"很好"、"还好"或保持沉默（或说一声"哎呀呀，真可惜"）的态度来参与评价。对有进步的作品要提出具体的意见，比如：哪些地方画了老师没有画过的图像，画面比过去是否满了等，引导幼儿去发现同伴的进步，并为他们热烈鼓掌，表示鼓励。

还可提出一些极为具体的目标，发动人人参与、观察思考，去发现同伴的创造性表现，例如：谁画出了教师没有画过的图像，谁有一种新的运用工具的方法等等，并为找到这些创造性表现而感到高兴。

对一些有缺陷的作品不仅可启发幼儿当小医生，找到具体的原因，而且还要使每个幼儿去发现纠正的方法，建立起大胆创造的信心，把自己潜在的创造力充分表现出来。这种创造的过程将会使幼儿体会到无穷的乐趣。对幼儿来说，他的点滴创造既能够受到大家的尊重，同时也学会了如何去尊重别人，从而唤起幼儿美好的情感，逐步建立起健全的人格。这种早期积累的经验，不但会使幼儿在今天的生活、学习中，也会使他们在今后的生活、学习和工作中受益无穷。

（摘自李慰宜著：《2—6 岁儿童绘画活动指导》，
上海社会科学院出版社，2003 年）

■ **可供讨论的问题：**

怎样在显性学习目标之外，达成与积极自我概念和人际关系相关的"隐性学习目标"？

案例

如何与宝宝谈论可怕的新闻·······················

任何重要的事情发生后，电视新闻让孩子们知道某件事要引起每个人的关注。重要的是小孩子们的老师和父母要允许他们表达在他们头脑里的想法。不幸的是，大多数父母认为天真幼稚的孩子们不会知道世界上所发生的事，更谈不上有什么想法。

对我们来说，与孩子们谈论恐怖活动和战争，就像谈论死亡、离婚、龙卷风、地震或者洪水一样确实很可怕，然而我们所教育的孩子们需要有人来帮助他们解除思想包袱和心理惧怕，并帮助他们知道紧急措施，也就是说，向他们谈论这些可怕的话题是为他们着想。让你的孩子们在家里和在学校里要知道如何保护自己。这样的话，幼儿听得太少了。

下文是一位美国早期儿童教育专家与三岁到六岁的孩子谈论"9·11"恐怖活动和美国袭击阿富汗的状况。

让孩子谈论对新闻的感受

在一次与孩子们的交谈中，我提出了一个问题："你们都知道这次恐怖事件吗？飞机撞击世贸大楼和五角大楼，数千人失踪，上万人受伤。"孩子们沉默了很长时间，不是孩子们不想说，因这件事太可怕了。"那么，我们用导弹袭击阿富汗，打击恐怖组织对不对？"一个孩子开了口，"打得好！"但另一个孩子说："那里的人被导弹炸死很可怕。"还有的说，"那里的孩子无家可归，有的饿死，有的冻死，有的被炸死，真可怜。"于是孩子们都有很多话要说。我让孩子们尽情地谈了很长时间，然后把孩子们分成两个小组；我把孩子们所关心的事列了表："妈妈说本·拉登是一个坏人。""发导弹可怕极了。""恐怖活动比龙卷风还厉害。""这次恐怖事件，让上千孩子失去父母的爱。""我们打击阿富汗，恐怖分子还要报复我们怎么办？""阿富汗的孩子比我们还可怜，他们的父母保护不了他们。""那里的孩子挨导弹不公平"等等。然后两个组的孩子可以彼此分享他们的关注点。

让孩子正确理解恐怖和战争

我把孩子们的论点都记下来。当孩子们解释他们正在思考的事情时，要耐心地纠正他们解释他们思考的错误。证实他们的感觉是与很多人感觉一样：打击恐怖主义是对的，但导弹轰炸贫民和儿童是不对的。战争的手段是以眼还眼，以牙还牙，结果是谁也不得安宁，只有和平才能解决问题，人人才有安全。轮到谈谈我对此问题的看法：恐怖分子在纽约和华盛顿制造恐怖活动是毁灭人性的错误，应坚决打击；但导弹轰炸阿富汗时，难免伤及那里的儿童，战争的悲剧使成千上万的人逃离家园，让很多孩子饿死、冻死、病死。所以我们要消灭战争，让全世界都享太平，我们每一个人才真正有安全。不要转到他们的错误观点上，但要告诉他们我的想法是正确的。当我讲述和构想的时候，一定要注意他们的感情，告诉他们，我知道恐怖活动和战争使人们惊慌害怕，但孩子们该做必须做的事，让事情变得更好。

让孩子对有关方面提出安全的要求

如果有一些特别情况，像有的孩子说我爸爸说在阿富汗的孩子们正被导弹轰炸。我不要被导弹轰炸。于是我会说："放心吧，孩子，你父母能保证你的安全，你愿意我写下你的感受并把这种感受寄给总统吗？"若他同意，就可以为这孩子写封信。有的孩子则担心恐怖分子炸幼儿园或他的家，就要安慰他：孩子，不必担心，我们的政府和警察会保护好我们的家园的。还有其他孩子，让他们说说他们的感受，并把他们的感受寄给适当的收信人，如国会议员或联合国安理会以及其他他们所信任的人。

让孩子用图画来表达他们需要安全

也可以建议孩子们，你们可以画幅关于这场战争的图画，可以展示导弹轰炸的样子，可以展示逃离家园的难民，还有惊惶惧怕的孩子等等，或者可以展示你们想要它该是怎样。也可以画恐怖事件的场景，许多人失去亲人痛苦流泪，许多孩子盼望父母归来……图画的主题是反对恐怖，不要导弹，停止战争，我们要和平。

让孩子有安全感

孩子需要安全感，从大人的身上能看出他是否有安全感。若因恐怖事件引起的后遗症，使大人也缺乏安全感，孩子通过察言观色，心理上就会产生焦虑恐惧。我的工作显示我的安全是真实的，同时让孩子放心，他是安全的且有人看护，无论恐怖活动还是导弹对他都没有威胁。如果这孩子在危险中，就告诉他所有的大人不仅有处理这危险的责任，而且有看顾他的责任，他们会尽力保护他，而不会让他受到任何伤害。

立场上我并非站在谁一边，但我站在孩子们一边。他们不该感到他们在危险中；他们不该感到所发生的事使他们混淆；他们必须知道有人表达我们关心在可怕环境中生活的人，并把我们强烈的感情带入行动中，如有人在总统府门前示威游行反对战争。要理解孩子的体验：当任何人被打得毫无能力的时候，孩子就会感到痛苦，他不愿意以强欺弱，而喜欢大家友好相处。

（引自 http://www.xugu.net/wst/p103077.htm）

■ 可供讨论的问题：

你自己面对诸如灾难、暴力、战争等一些社会新闻时，有什么心理感受？你认为与幼儿谈论这些社会事件有必要吗？

15. 促进幼儿的感觉和运动能力发展

等待你发现的问题

1. 在幼儿阶段、特别是小班及之前的年龄段，"耳聪目明"、"四肢发达"与幼儿认知能力发展和情绪健康有什么样的关系？

2. 中国教育中的"好静"传统在幼儿阶段的教育中有多大的合理性？"好动"就是"多动症"吗？

试试这样做

评估幼儿发展，确立教育目标

1. 运用有关幼儿感觉和运动能力（包括大肌肉动作和小肌肉精细动作）发展的阶段特征和影响因素的知识，评估幼儿动作技能和感觉的发展水平，鉴别幼儿的"最近发展区"。

2. 了解感觉和运动能力以身体发育为基础，遵循自然成熟的过程，确立目标时对幼儿有合适的期望。

整合与渗透

3. 在日常生活自理活动中耐心地给幼儿锻炼动作能力的机会。

4. 教师自己表现出对运动的兴致，带动幼儿的运动兴趣。

5. 在一些认知、艺术表现、劳动等"非运动"活动中，注意让幼儿充分地运用自己的多种感官去感觉，充分地利用双手操作，充分地运用肢体表现、表达。

6. 专门的运动活动以游戏、舞蹈的形式展开，创设情境，让幼儿通过肢体表达自己对事物的认识和情感，引导幼儿进行创造性运动（如用身体模仿动物的动态），并使需要运用的动作技能多样化，使运动更具吸引力。

发挥幼儿的主体性与教育的个别化

7. 激发幼儿参与创编运动游戏、体操，制作运动器具和创造新玩法。

8. 识别可能的身体残疾和发展迟缓迹象，介绍家长去专业机构寻求支持，并在幼儿园中配合矫治。

9. 对某些由于特殊原因对身体运动感到恐惧的幼儿，采用"系统脱敏"的办法消除恐惧，而不急于强迫其参加运动。

案例

感觉统合，从身体协调运动开始！（采访节选）

说到身体协调性游戏，我们不由自主地会想起现在被很多人提及的一个词——感觉统合失调。感觉统合失调听起来好像很严重，事实上又是怎么回事呢？让我们听听专家怎么说。（专家介绍：郭建国，中国少年儿童基金会专家委员会委员，北京育婴师职业培训首席教授。长期在幼教机构从事儿童运动的试验和研究，系统跟踪研究 1000 多名孩子。）

"感觉统合其实是一件很简单的事情。"

问：现在很多家长都知道感觉统合失调这个词，但可能并不了解什么是感觉统合失调，它和身体协调性之间有什么关系？

答：很多人都觉得感觉统合很神秘，其实是一件非常简单的事情，就是指身体各部位相互关系之间的一种很自然、很流畅的配合，比如左眼睛和右眼睛之间、手和眼之间、上肢和下肢之间的配合等等。

感觉统合是人的一生中都需要，但一辈子都不可能完全做好的事情，每个人都不可能在任何时候、任何事情上做好感觉统合。比如骑自行车、上下楼，有时动作协调不好，可能就会摔跤；运动员有时身体协调不好的话，可能就会输掉比赛；还有吃饭，中国人用不好刀叉，外国人用不好筷子，其实就是手的动作协调性的表现。总之，随时随地都有感觉统合的内容。所以，不必一听到感觉统合失调就很紧张。

但是，比较严重的感觉统合失调会影响孩子的动作、学习、认知、情绪等各个方面，因此需要引导和纠正。比如孩子在阅读时，眼睛协调不好，可能出现漏词、跳行等现象；上课时控制不住自己的身体，经常要离开座位，不能集中精力听讲，接收到的信息不完整，理解起来就困难，因此会对学习没兴趣等等。现在都市里的孩子活动空间越来越小，由于从小缺乏运动，造成身体动作的不协调，出现了感觉统合失调，这需要引起重视。

"3岁前让孩子充分运动。"

问：对3岁前的孩子来说，怎样进行感觉统合训练？

答：3岁前正是孩子协调运动发展的关键期，对他们来说，不是进行感觉统合失调的训练，而是提供机会让他们充分地运动，给予有效的刺激，在运动中促进感觉的发展，让身体各个部位能够很好地协调运作。（有效地预防感觉统合失调）

"让孩子在游戏中学习和探索。"

问：具体来说，家长应该怎样做呢？

答：家长应该做到以下3点：

1. 让孩子在游戏和玩耍中学习。家长要以运动的形式和孩子交流，比如做亲子操、玩亲子游戏等等。

2. 家长希望教给孩子的认知内容，都尽可能在游戏中完成。比如，你想教孩子数的概念，可以通过让孩子捡球的方式来进行，比如，捡1个球给妈妈，捡2个球给爸爸等等，在游戏中完成认知，而不是让孩子静静地坐在那里教他数一二三。

3. 鼓励孩子的探索。探索是孩子成长的需要，是他们了解世界的方式，在探索的过程中，孩子需要协调身体各部位的动作，从中获得各种体验和感受。

（引自 http://www.preschool.net.cn/ShowArticle.asp? ArticleID=27941）

■ 可供讨论的问题：

促进幼儿感觉、运动能力发展是要对单个感觉和动作进行孤立训练，还是让幼儿在完成一些任务的过程中锻炼协调和平衡能力？

16. 促进幼儿语言能力的发展

等待你发现的问题

1. 在什么意义上理解"背诵打造真正的语言能力"？如果成语、诗歌或韵文中描述的事物、表达的感情幼儿完全没有概念、没有体验，在头脑中记忆、储备许多词汇和句子真的能让幼儿"出口成章"吗？

2. 怎样看待第一语言习得与第二语言学习之间的关系？怎样回答"幼儿什么时候可以学外语"的问题？

3. 幼儿阶段学习外语，帮幼儿积累词汇与培养幼儿对语感、语韵和语言规则（语法）的感觉，哪个目标更重要？

试试这样做

评估幼儿发展，确立教育目标

1. 运用关于幼儿语言发展的阶段特征及其影响因素的知识，评估幼儿语言理解和语言表达发展的状况，鉴别每个幼儿语言能力的"最近发展区"。

2. 运用关于语言与认知发展之间关系的知识，将语言发展的目标与认知发展的目标联系起来设定。

整合与渗透

3. 营造宽松的班级人际氛围（不刻意强调幼儿语言表达时的错误，给幼儿充分的时间组织词汇、表达自己的想法），鼓励幼儿之间日常的语言交流（倾听和理解他人），鼓励幼儿用语言向他人表达自己的需求和意图。

4. 在发音（如普通话读音）、倾听习惯和语言表达上给幼儿树立榜样。

5. 提供能激发幼儿讲述、交流，丰富幼儿词汇的材料（图书、故事音带、卡片、电话、玩偶、角色扮演情境等），扩展幼儿的语言储备，并提供运用的机会。

6. 组织涉及幼儿身边生活、学习的谈话活动，听、讲故事及围绕故事的讨论活动，提供机会让幼儿用语言描述自己的生活、学习经验和感受，使语言活动与幼儿个人真实的思维、情感联系起来。

教育的个别化

7. 关注不爱讲话及讲话困难的幼儿，尽早发现他们在发音器官发育、认知能力或情绪与社会性发展上可能存在的障碍，介绍家长到相关的专业机构寻求帮助，并配合实施矫治措施（如给个别幼儿创设更多的激发讲话意愿的情境）。

案例

营造幼儿语言活动中的宽松气氛

在幼儿园的语言活动中，首先要给孩子创设一个宽松的心理环境，有了宽松的环境，孩子才想说、愿说，从而感受说的快乐。很多教师以为坐地毯、自由发言、不否定孩子的答案等做法就是宽松，而我认为，宽松的概念应更广泛，不仅仅是外在的表现，更多的是心理上的深层次平等，即宽松就是应让孩子感到"没有压力、没有恐惧，不强调对错与好坏"，宽松环境下的师生关系应是"平等和谐、理解接纳、支持与鼓励"的。

一、平等交谈，接受孩子的言语方式

受生活经验、词汇量和思维特点的限制，以成人的标准来说，有时幼儿语言表达的意思不一定是正确或准确的，如看到郁金香花谢了，他们会说"郁金香死了"，在讨论"为什么同样的鸽子会分肉鸽与信鸽"时，他们认定"笨的就是肉鸽，聪明的就是信鸽"。尽管如此，老师应该明白，孩子正尝试着用语言作为交流工具，他们能使用语言交流、表达及解决问题比正确地使用语言或造句更为重要。

二、耐心等待，满足孩子言语交往的需要

耐心等待，意味着教师不应以自己的智慧代替孩子的智慧；意味着教师不能做孩子的仆人，包揽孩子应做的一切；意味着对于进步慢的孩子要耐心，等等。在集体语言教育活动时，耐心等待，意味着教师应感悟到幼儿思维方法及思维水平的差异，勿以三四个孩子的想法、说法去左右全体幼儿的思路。如在语言活动《乌龟乌龟快回家》中，一个孩子说"乌龟是不怕水的"，若教师立即肯定"你说得对"，就容易给其他孩子造成这个回答是唯一答案的印象，教师应当顾及大部分孩子的发展水平，换种说法"是这样的吗"、"你说得有道理"、"你说的，我倒没想到"等，表示谈话可以继续下去，真正促使每个孩子都去思考、表达，在结束时才肯定"真的像某某小朋友说的，乌龟是不怕水的"，给那位孩子以鼓励。

值得一提的是，耐心等待，还应避免以小奖品频频刺激孩子。许多研究证明，外部奖励可能会付出"隐蔽代价"，即原来具有的内在的兴趣、动机，因为外部的奖励，不仅未能促进，反而削弱了。

所以，面对孩子在语言发展中所产生的"问题"，教师的耐心等待是一份宽容。是我们教育者应给孩子的尊重，让其感觉你对他的信任，同时又给自己留有教育的余地。

三、淡化竞争，减轻孩子言语发展的压力

现代社会是充满竞争的，不知不觉中这股浪潮也袭进了幼儿的生活中。教师原想以竞争来刺激孩子的发展，但有时却让我们的孩子连"不知道"三个字都不敢说，过早地有一种"怕输"、"输不起"的心态。

在言语活动中，也有"比比谁想得快、说得多"等之类的内容，我们发现举手的总是那么几个言语发展好的孩子，言语水平滞后的孩子对此类竞争根本不感兴趣。每个孩子的学习速率是不同的，学习优势也各不相同，要承认差异，允许差异，重视差异。幼儿园的言语活动，应淡化竞争，尤其是年龄小的幼儿，应改变一些活动形式，减轻孩子们说的压力。比如，可视孩子言语水平采取集体、分组、个别的活动形式；集体中可采取"接龙"的游戏；在指导个体发展中，我更提倡的是"自我竞争"，而非"赶超别人"，如：用小鸟等不同图章分别代表着"说完整"、"会说了"等不同的含义，让孩子自己敲图章来作出评价，一个阶段后统计，孩子就看到了自己的进步与不足。几次反复后，孩子们明显地取得了进步。

四、亲身体验，关注孩子的情感需求

开学后，许多教师教的第一首儿歌是《幼儿园像我家》。我想，新入园的孩

子还未在情感上接受新环境，难以产生"幼儿园像我家"的情感，就选择了《香香鸟》。一瓶花露水调动了孩子的生活经验，我扮演孩子们的妈妈，伴随着"花露水，喷喷香，妈妈洒在我头上，我是一只香香鸟，飞到哪里哪里香"的儿歌，喷洒着花露水，孩子们一下子变得开心，爱说话了。

有关季节类的文学作品，我们总是在幼儿园的花园里进行。冬天晒太阳时，在暖暖的阳光下，孩子们自己编的《太阳》真是精彩纷呈："妈妈说，多晒晒太阳身体就会健康，我坐在椅子上，晒太阳，原来太阳是医生。""太阳是妈妈，地球是孩子，轻轻抱呀抱，我们真温暖。""太阳是摄影师，给小花拍，给我拍，黑黑的影子就是照片。"等等。在集体的学习中，孩子感受到了语言的用处、有趣及其带来的交往的快乐。

总之，营造语言活动中的宽松气氛，要注意孩子的心理特点。幼儿需要我们的"支持"而非"催促"，需要"自我认识与了解"而非"赶超别人"。

（摘自龚敏：《营造幼儿语言活动中的宽松气氛》，

《早期教育》，2001 年第 3 期）

■ 可供讨论的问题：

幼儿的言语能力受到哪些因素的影响？与情感、认知等方面的发展有什么联系？

17. 促进幼儿认知能力的发展

等待你发现的问题

1. 全面了解具体事物的特征需要哪种认知能力？从了解具体事物的特征上升到对一类事物形成"概念"需要哪种认知能力？从了解事物看得到的当前状态（特征），上升到把握事物的形成（发展）过程、事物间的关系以及看不见的规律，又需要哪种认知能力？

2. 幼儿对数、空间方位、时间、变化与守恒、善恶是非等的概念发展有什么样的特征？

3. 什么是"元认知"？幼儿有没有"元认知"能力？

试试这样做

评估幼儿的发展，确立教育目标

1. 运用有关幼儿认知发展的阶段特征和一般顺序的知识，解读幼儿的表现，评估幼儿认知发展水平及其"最近发展区"。

2. 在设定目标时兼顾知识掌握与认知兴趣、探索愿望和学习能力之间的关系，在不同的活动中恰当排列这些目标之间的不同优先顺序。

整合与渗透

3. 教师在细心与系统观察、好奇心、学习和探索、试验与总结反思以及联想和创意想象上为幼儿树立榜样，带动幼儿观察和体验自然和社会中的各种事物和现象，帮助幼儿丰富感性经验。

4. 利用日常生活、运动和艺术创作中的不同情境，鼓励幼儿自己动脑筋解决实际问题，如大概念与具体事物的关系、按标准分类、排序、匹配、比较、计数（统计）、平均分配、解释原因、推测后果、设计步骤等。

5. 为幼儿提供体现概念、事物关系的材料，引导幼儿通过操作、观察和实验等方法，在头脑中建构这些概念和关于事物关系的"个人理解"，并通过提问或添加新材料的方式巩固或挑战幼儿当前的理解。

6. 组织集体交流和总结的活动，使幼儿的认识相互碰撞，帮助幼儿归纳自己零散的感性经验，使之清晰化，并得到巩固和提升。

发挥幼儿的主体性与教育的个别化

7. 区分接受学习和发现学习各自的优势，重视幼儿在有准备的环境中的重新独立尝试、发现这一过程的价值，给幼儿尽可能多的机会去自己经历、锻炼和实践，允许他们按照自己的速度和步骤坚持完成任务（如把完成一半的作品放在一个专门的地方，幼儿第二天可以接着做）。

8. 引导幼儿享受探索和发现本身的乐趣，激发他们学习的内在动机，避免经常性地采用外在的奖惩来"诱导"他们学习。

9. 注意幼儿不同的学习风格和接受信息的优势渠道，在设计活动方式和提供材料时注意多样性和适宜性（如同样的内容，可以有视觉材料、听觉材料、动手操作材料等）。

鼓励创意思维

10. 提供利用不定型材料动手创意制作的活动机会，使幼儿的创意思维得到动作过程的支撑。

11. 给幼儿的探索和创造提供宽松的心理环境，允许幼儿用较长的时间持续地经历一个探索的过程或者创造的过程；当幼儿因探索而损坏物品时，能采取开明、容忍的态度，帮助幼儿一起想办法修理，同时鼓励幼儿在不成功时寻找错误的原因，并加以纠正。

12. 鼓励多样性、首创性、灵活性和变通性，喜欢提需要通过发散思维来解决的问题（如"还有什么用？"或"还有什么办法？"或"可以怎样改造铅笔，让它对不同的人更实用?")。

13. 鼓励假想,提诸如"假如……会怎样"的问题(假如没有白天,我们怎样生活?)。

案例

探讨交流的价值(节选)

在科学教育活动中,我们引领幼儿观察、提问、设想和实验,体验科学探究、科学发现的过程,发展幼儿探究与解决问题的能力。为了实现这一目标,教师应把握好与孩子探讨交流这一环节。

1. 在理解中与孩子共享实验的成功与失败

在实践中,我们改变传统的"教"的模式,注重给孩子提供大量的"让事实说话"的机会。我们发现,摆脱了教师的传授,孩子们学得更主动、更自由、更有活力。他们积极地提出各种方案,全身心地参与实验活动,努力让自己的实验获得成功,并在探讨交流过程中表达自己对实验的评价,与教师、同伴一起分享成功的喜悦。

然而,总会有一部分孩子的实验以失败告终,教师若能关注孩子失败的原因,并有效地予以引导,就能激发幼儿产生深入探究的动机。所以,教师只有明确地意识到"实验中孩子会有许多错误"、"实验中孩子有出错权",才能在探讨交流过程中给予孩子更多的理解与宽容,保证孩子拥有充足的操作时间,鼓励他们不断尝试,走向成功。

2. 在鼓励中促进孩子间的互动

在与孩子探讨交流的过程中,我们十分重视培养孩子的团队精神、怀疑精神和语言表达能力,引导孩子们倾听同伴的发言,鼓励他们相互提问、共同讨论,分享有价值的信息。

记得有一次,有个孩子捏着温度计,告诉大家:"22度是我的体温!""不可能!人不可能只有22度,我妈妈说过,人应该是37度!""那么温度计里的温度到底表示什么呢?"有许多孩子不理解。"天气的温度吧?"有孩子较敏感,马上想到了气温。"不对,不对!我听过天气预报,今天的温度是25度!""那会不会是温度计盒子里的温度?"有孩子想到了。"不是的,温度计现在又不在盒子里!"这话还是给了其他孩子一定的启发，终于有个孩子恍然大悟："温度计现在在房间里，这应该是房间里的温度！""房间里的温度为什么和气温不一样呢？"有孩子不明白。"因为现在外面有太阳，房间里没有太阳啊！"瞧，孩子们自发形成了互动的研究小组。

我们还常常通过提问"你发现了什么"来鼓励幼儿展示自己的实验过程。提供这样的"舞台"有助于幼儿之间形成良性的互动：首先，幼儿在相互观看的过程中，极易产生关注同伴、质疑同伴又积极为同伴"排忧解难"的行为；其次，对演示的幼儿来说，他既承受着各种各样的提问，又获得了来自教师和同伴的建议和帮助，他会发现自己处在一个大的互动的研究团队中。

3. 在追问中引导孩子探究实验中的"小科学"

在与孩子探讨交流时，我们最感困惑的是"孩子的思考从问题而来，但问题从何而来"。在大量的实践中，我们发现要引发孩子思考，教师首先要善于追问，在追问中引导幼儿去发现实验中的"小科学"；其次，教师要善于诱导孩子发现不同的观点，产生争论，引发孩子的探究兴趣，让孩子们在感到惊奇的同时，思索诸多的为什么。

如在实验"让热水快快变冷"中，有孩子先用手捏住冰块，再用冰冷的手捂住水杯促使水杯中的热水变冷。在探讨交流中，我们不断追问孩子"捏冰的手为什么会变冷"、"手捂住水杯，水杯中的热水怎么会变冷"、"为什么捂住水杯后冰冷的手又会慢慢变热"等，鼓励孩子大胆表达自己的想法。这样不仅让孩子们在认知上获得满足，更使他们体会到"科学其实离我们并不远"。

4. 在"意犹未尽"中构想下次实验的计划

在与孩子们探讨交流时，我们还常常与他们共同构想下次实验的内容，这对于他们来说，无疑是"最大的悬念"。有的孩子会兴奋地讨论起来，有的则会设法寻找相关的书籍或资料，有的还会为实验做一些物质准备……

（摘自徐则民：《探讨交流的价值》，《幼儿教育》，2004 年第 1 期）

■ 可供讨论的问题：

"探讨交流"与直接教相比，对幼儿的知识掌握、认知过程（学习方法）、认知兴趣各有什么利弊？

幼儿的什么经验需要提升

北京市特级教师李培美多年以前曾经组织过一个帮助幼儿整理有关鸟类知识

的活动——"鸟类联欢会"。这个活动的目标有 3 个：认识鸟类的主要共同特征、学会分辨鸟类和非鸟类、学习运用已有知识分析问题并说出理由。

一开始，教师以讲故事的方式告诉幼儿，森林里要开"鸟类联欢会"，由黄莺负责发入场券，条件是必须发给鸟儿们。许多动物都来要票，黄莺不知该发给谁，于是请小朋友们帮忙。怎么帮呢？老师建议"把只有鸟类才有的相同的地方找出来，告诉小黄莺"，小黄莺就知道该发给谁了。

孩子们的日常经验中已有了各种鸟的印象：麻雀、孔雀、乌鸦等。于是，在老师的提示下，孩子们开始讨论"只有鸟类才有的相同的地方"有哪些。孩子们纷纷发言，有的说鸟类都有羽毛，有的说都有两条腿，有的说会生蛋等等。最后师生共同总结出鸟类应有的四大特征：都有羽毛、长着一对翅膀、两条腿、会生蛋。这已经是一种经验的整理和提升——从一只只具体的鸟（乌鸦、麻雀等）中抽象出类的属性，形成概括性较高的鸟的概念。

为了进一步巩固鸟的概念，李老师又要求孩子们运用刚才总结出的鸟类共同特征的知识（概念），辨别鸟类与非鸟类。为此，她设计了 4 种动物——鸵鸟、蜻蜓、鸭子和蝙蝠，要求孩子们就其类别归属问题进行判断。这一步，虽然表面上已经超出归纳提升日常经验的要求，但对于巩固鸟类的概念同样有着极其重要的作用。

我认为这个活动可以说是教师如何帮助幼儿整理、提升日常经验的典型案例。教师抓住了鸟类的共同特征作为关键概念，以此为纲，串起了整个教学活动。在活动的第二部分，老师根据幼儿日常概念中常见的对鸟类特征的不科学认识——把会不会飞作为鸟类的本质属性，精心选取了几种幼儿容易判断错误的动物，把新认识和旧经验的矛盾冲突突出出来，一点一点地进行概念澄清，不仅巩固了新认识，同时也培养了幼儿分析判断的能力。至于说什么经验需要提升，我的一个不成熟的看法是：如果我们经过分析，认为幼儿的零散经验中有一些是能够从中抽象概括出规律性的，而且这个规律性又是幼儿能够理解的，那么就可以考虑整理提升的问题。

（摘自冯晓霞等：《在反思中成长：教学活动中的困惑和问题》，

《学前教育》，2007 年第 7—8 期）

■ 可供讨论的问题：

1. 知晓具体事物与形成概念在幼儿的认知发展中是什么关系？

2. 怎样了解幼儿头脑中的"概念"或"朴素理论"，怎样激起认知冲突？

18. 促进幼儿美感和艺术
表现能力的发展

等待你发现的问题

1. "美"有标准吗？"美感"到底从何而来？

2. 幼儿身上是否表现出对"美"的追求？这对于他们的生活有什么意义，值得鼓励和发展吗？

3. "美"不一定局限在音乐、美术等人为的艺术作品中，在日常生活中，你能发现哪些"美"，你能美化生活吗？

试试这样做

评估幼儿发展，确立教育目标

1. 运用有关幼儿对不同艺术表现形式（音乐、视觉艺术）的感受能力和幼儿艺术表征能力发展的阶段顺序的知识，评估幼儿当前的发展状况；运用有关幼儿美感和艺术表现能力发展与感觉、动作、认知、情绪等方面发展关系的知识，评估幼儿可能的"最近发展区"。

2. 理解艺术表现形式与生活之间的关系，处理好艺术表达愿望与表现能力两类目标之间的关系。首先要重视激发感受美和艺术表达的愿望，其次帮助幼儿提高表达的能力，使他们用自己的方式更好地传达自己对事物的理解和感受，后者服务于前者。

3. 陶冶自己的审美趣味，在美化生活上给幼儿树立榜样。

4. 在安全、实用的基础上，班级的空间分割、家具布置和装饰体现艺术情趣，给人以美感。

5. 在日常生活中引导幼儿发现美（服饰、建筑、植物、表情、身体姿势、乐音、日用品的造型等），使幼儿在对人与事物的理解和情感体验与艺术形式、美的要素（色彩、形状、音高、音色、旋律等）之间建立联系。

6. 带领幼儿观看或聆听音乐、绘画、戏剧、舞蹈等艺术作品，作品可以来源于不同的民族和文化背景，引导幼儿发现各种形式的艺术作品所传递的感受（如：辽阔、静谧、幽默、梦幻、憧憬、悲伤、兴奋、自豪等等），以及它们是用什么方式将这种感受传递给别人的，引发对制作材料、制作过程的好奇和追问。（如提这样的问题："这幅画中是什么让你有悲伤的感觉？"）

7. 给幼儿提供多种材料和活动机会（如主题探索活动、布置主题教室、节庆、联欢活动中的创作和表演等），激励幼儿用自己喜欢的方式表达自己的感受，而不是仅仅通过模仿某一种形式孤立地练习某种技能。

8. 了解不同结构化程度的活动对幼儿自主建构审美表现能力的影响，灵活地设计结构化程度不一的活动。

发挥幼儿的主体性与教育的个别化

9. 了解和尊重不同幼儿独特的艺术表现方式，鼓励幼儿自信而客观地评价自己的作品，理解幼儿在无法传达自己感受时的受挫感，逐渐帮助幼儿缩小表现能力与表现意愿之间的距离，帮助他们不断改善自己作品的表现力。

案例

在大舞台看教师演出

上海市二期课改以其整合的形态，让已经习惯了分科教学的教师们感到迷茫。在融合的课程内容里，老师担心着孩子们实实在在的获得。终于在昏天昏地的摸索中，老师们突然发现：幼儿园里孩子的歌声少了，至少是难听了；幼儿园里孩子的舞蹈身影少了，至少是"鸦舞舞"了。我们确定："快乐天堂"里是一定要有欢歌热舞的。于是，我们探索：什么样的情景可以吸引孩子喜欢歌舞，什么样的情景可以激发孩子产生主动学习歌舞的动机？

新年将至，学习主题"我是中国人"中关于"过新年"的一些内容，就放在这时进行。我们照例，将主题中诸如唱京歌、对对联、敲锣打鼓等一些艺术性的内容，化作舞台表演，集中地演给孩子看，孩子们戏称为"去'大舞台'看演出"。

这天上午，大班所有的孩子都集中在披红挂彩的小礼堂，看老师表演。

无论是老师着唐装提灯笼，还是老师乘雪橇扮新年老人；无论是歌舞"拜大年"，还是童话剧"老鼠嫁女"……"大舞台"弥漫了浓郁的新年气氛。

最后，随着华丽的三拍子"圆圈舞"音乐的响起，老师们分别扮演男士和女士：扮演男士的老师一色黑长裤白衬衣黑领带，扮演女士的老师则一律曳地长裙短袖高领衫，双双踏着节奏，翩翩跳起了"圆圈"华尔兹。

孩子们被老师们营造的有些奢华、有些梦幻的情景所吸引，回到教室，女孩们拉着外衣的下摆，作起陶醉状。

我在视听角放了张《音乐之声》的碟片。

孩子们看着其中的舞会片段，纷纷提出："应老师，我们也来开个新年舞会吧！跳一跳你们刚才跳的舞。"

我立刻响应："好啊！什么时候呢？"

孩子们兴奋地商定："还是星期五吧……周末开舞会好……我们可以准备准备……"

在"开舞会"之前两三天的时间里，孩子们各自准备着自己适合舞会的"行头"，爸妈也兴奋地积极配合，为了让自己的孩子在舞会上更有光彩。

周末的上午，舞会终于在孩子的期待中开始了。男孩一派绅士风度，女孩则个个淑女风范。我也尽量地成为淑女的典范。

果然，一开始，"小绅士"们抢着和我跳舞。可是，跳着跳着，似乎可以和着拍子起舞时，男孩纷纷邀请女孩做"舞伴"。

望着我期盼的眼神，男孩抱歉地说："对不起，和你跳舞不太舒服，你太高了。"

南南邀请芊芊跳舞，芊芊当面回答："我要休息休息。"背地却对我说："南南平时动作很重的。"

针对"男士"动作如何"轻"，我和孩子们重温了《音乐之声》里的舞会。男孩们学着电影里"上校"的动作，女孩们则模仿着电影里"玛丽亚"的模样，个个优雅得体。

再美妙的舞会，总要结束……

可孩子们还不过瘾："下星期邀请爸爸妈妈参加舞会！"

接下来的一周里，孩子在家里当起了爸爸妈妈的舞蹈老师。

男孩凯凯在晚饭后，对坐在沙发里看报的爸爸说："参加舞会，我最不放心的就是爸爸。你站起来，跟我学，舞会上不要丢脸。"爸爸扔下报纸，心甘情愿地跟着儿子跳了起来。

几乎所有的孩子，都在有爸爸妈妈参加的舞会前，狠狠地过了把做"严师"的瘾。

当然，欢乐的舞会，除了舞蹈，吸引孩子的还有很多……

我们都知道，三拍子的华尔兹舞步，对孩子来说，并不是很容易掌握的技巧。可是，在舞会的情景中，孩子在邀"老师"跟随似的共舞中，熟悉了旋律节奏；在和同伴自由共舞中，产生了模仿的动机，并积极学习；在教爸爸妈妈跳舞中，巩固和熟练了舞蹈的技巧，从而主动愉快地学会了"圆圈舞"。

在这样的音乐舞蹈的学习过程中，老师很好地利用了具有较强观赏性的大舞台，引发了孩子对音乐舞蹈本身的兴趣；借用了具有较强娱乐性的舞会，使孩子在开开心心的玩乐中，实现了对舞蹈的学习。

在整个教学过程中，老师创设的教学情景符合了孩子生活和成长的需要，其中，我们的"大舞台"无疑成了激起孩子喜欢舞蹈这片"千层浪"的击石。

"大舞台"，是从上海的一期课改中，保留下来的一种教学活动的样式。我们将孩子正在进行的主题活动中关于艺术的内容，经过认真创造，精心编排，以表演的方式，呈现在孩子面前。

因为是表演，所以，"大舞台"使我们的歌舞多了平日所没有的绚丽和完整——不是吗？教师个人在教室里引领的音乐活动，想要表现艺术的华丽，可能会有些尴尬。而"大舞台"赋予主题歌舞的艺术气质，引发了孩子对歌舞的想象和向往，从而引发了他们主动学习。

这样，"大舞台"完成了歌舞教学中欣赏的环节；这样，"大舞台"使我们的歌舞教学有了良好的开端。我们经常看到，孩子们在离开"大舞台"时，歌曲已经可以哼唱，舞蹈已经可以比划。

（摘自应彩云：《在"大舞台"看老师演出》，《山东教育》，2006 年第 9 期）

■ 可供讨论的问题：

怎样用艺术活动的"艺术气质"激发幼儿的审美愉悦，从而激发他们艺术创作的动机？

在美术活动中帮助幼儿积累有助成长的经验（节选）·····················

当前人们的教育价值观一般还比较偏重知识技能的传授，往往会片面地强调某一方面而去追求即时能看到的教育效果。这种即时效果在幼儿美术教学中似乎更容易获得。如果我们一味追求这种暂时表面的成果，对幼儿来说，也许在得到的同时会失去很多。提高幼儿美术能力，并不是幼儿美术教育的根本目的，而是实现目标的手段。幼儿通过美术活动，可以积累许多有助于成长的极为关键的经验。因此，扩大经验范围是艺术教育的一项最重要的原则。幼儿在美术活动中，表现的创造欲望通常是和他们所获得的经验程度有密切的关系，这些经验不仅是知识技能的经验，而且还包括知觉经验、感情经验、美感经验和社会经验等。幼儿在美术活动中不仅表现了他们的所知所想，还表现了他们的感觉和知觉、喜爱和厌恶的情感等等。以下几种经验类型在幼儿美术活动中尤为突出，现结合幼儿美术活动的一些实例加以剖析。

一、知觉经验的成长

幼儿美术的表现能力与他们的空间知觉、颜色知觉等知觉经验有着密切的关系。幼儿运用自己的知觉去思考，去解决他们在造型时所面临的问题，由此产生了许多成人无法理解的图像。尽管许多学者对这些图像作了大量分析，并承认儿童非成人式的思考，但是，仍有许多人把这些幼儿创造的图像解释为错误，依然按照成人的知觉水平和思维水平的表现方法进行教学，这种操之过急的做法限制了幼儿的创造。儿童知觉能力的发展有其自然发展规律，必须遵循规律才能引导幼儿在学习中不断创造。教师应该创造适宜的环境引导他们通过各种操作活动逐步成熟，允许他们运用许多不成熟的想法去解释疑问，而不是取而代之，这是需要我们十分注意的。

【实例一】 会吃红肠的大公鸡

目标： 引导幼儿按照自己的观察和想象创造图像，打破画画必须画得像的束缚。

在活动中教师用长着长嘴尖牙的公鸡动画造型引导幼儿欣赏，并联系其他经验使幼儿体会不但可以画自己所见，也可以画自己所想，既可以画很像真实物体的图像，也可以按自己的认识和想象去画不同于实物的图像。幼儿讨论得十分踊跃，有的幼儿说，动画片里的动物都会讲话、像人一样地走路；有的说，机器人、外星人、超人都是人想好后做出来、画出来的。

通过讨论，幼儿进入了一个十分宽松的创作环境，不再因为担心画得不像而胆怯。一个幼儿画了一只十分像蛋的老母鸡，一个幼儿画了一只酷似恐龙的古代长颈鹿，还有一个幼儿画了一张柿子阿姨卖果冻的自编故事，也有许多幼儿画了他们在电影、电视、图书上看到的物体或生活中的情景，个个十分投入，乐在其中。

【实例二】 背太阳

目标： 启发幼儿大胆运用重叠表现物体之间的前后关系。

教师运用富有想象的情节：太阳从不休息，实在太累，地球上的小朋友们想来背太阳，但是太阳又大又重谁也背不动。房子们首先想出好主意，让全世界的房子一起背太阳。房子背太阳的消息传了出去，大家都争着来背太阳。

活动中，教师引导幼儿共同操作，尝试运用重叠的方法让许多房子合在一起，并进一步启发幼儿想象，请更多的朋友一起背太阳。幼儿创造了树林、山坡、水果、花朵、车辆等许多内容。由于教师把握了幼儿空间知觉能力的特点，没有在表现前后关系上提出超过他们的认知的要求，因而避免了画面上可能出现的错误。所以我们看到在幼儿表现重叠时虽然有许多透视关系不合理，但这并没有妨碍他们的创造热情。相反，由于画面变得紧凑而引起的美感为他们又打开了一扇通向表现美的门。

二、情感经验的成长

幼儿园的美术活动并不仅仅是让幼儿不断地重复已有的经验，还必须在原有的水平上有所推动。教师除了在内容上不断地拓展以外，还必须不断地提高幼儿感受和表现美的能力。多年来，我在为幼儿搭建目标的阶梯上不断地探索。许多人认为这只是局限在美术知识技能方面的研究，其实不然，我从事这方面研究的目的，是为了帮助幼儿不断找到新的目标，并且给他们一个能够依靠自己的努力解决疑问的空间，在不断获得成功的喜悦中爆发出更大的学习和创造的热情。

当然，搭建阶梯的前提是对幼儿的现状和可能实现的目标有一个客观的认识，这就需要我们不断地观察与反思，即使是十分有经验的教师也不例外。例如：引导幼儿学用接色的方法尝试色彩的渐变。最初，我从太阳的七种颜色渐变着手，让幼儿在把握这七种颜色渐变的规律后，逐步扩大其他中间色的渐变。可是经过实践，我发现幼儿并不理解这七种颜色渐变的实际意义，而是在死记硬背，这样不利于幼儿的主动探索。后来，我改为先从同种色渐变着手，逐步扩大到相似色、对比色渐变的方法。虽然较上面的方法有所改进，但是仍然是一种成人的学习方式，对幼儿的限制太多。因此，我在反复观察幼儿探索活动中发现，必须将从抽象规律入手改为从直观感受入手，逐步扩大经验范围，鼓励幼儿先去寻找比较接近的颜色尝试渐变，再提出"不像"的颜色是不是也能做朋友的问题，引导幼儿进一步进行更多的尝试。由于减少了许多限制，幼儿在尝试渐变接色中不断有所发现，他们很有兴趣地寻找新方法，结果在教师尚未提出对比色怎样渐变接色时，幼儿已经开始了自己的探索，想出了许多好办法。他们说：每个颜色都能和大家做好朋友，就看你愿意不愿意。

【实例一】 金鱼

目标：初步尝试运用接近的颜色接色的方法，体会颜色的渐变。

教师利用幼儿熟悉的金鱼为题材，引导幼儿联系饲养金鱼的经验，尝试使每一条金鱼都闪闪发光。幼儿在作画中画了红、绿、蓝、黑等不同颜色的金鱼，即使相同颜色的金鱼也有不同的接色方法，例如：红接黄、接橙、接粉红等等，他们都被评为有本领的养鱼人。

【实例二】 窗上的灯光

目标：进一步引导幼儿探索对比色的接色，体会颜色渐变是变换无穷的。

教师结合幼儿对国庆节夜晚灯光的感受，提出"住得很远的颜色是不是也能做朋友"的问题，引导幼儿进一步尝试表现对比色的渐变接色。在活动中，教师选用了克利的名画"打开的窗"，加深幼儿对渐变接色的直觉感受和大胆表现的兴趣，幼儿在作画中又联系过去渐变接色的经验寻找新的接色方法，例如：在红和绿中间加上黄色、浅蓝色、白色等等，画面五光十色，各有不同。

三、美感经验的成长

在幼儿美术教育改革中，人们已经普遍注意到必须打破传统的以逼真反映自然为标准的审美观的束缚，通过各种途径让幼儿欣赏和感受丰富多彩的艺术表现形式，给幼儿充分感受和表现美的空间，是十分有益的。在这里，我想强调的是还应进一步加强美术题材的文学性、教师语言的艺术性，使每一个幼儿美术活动犹如一支动人的歌，一首欢快的诗，一个浮想联翩的故事，一段幽默的插曲，深深打动每一个幼儿的心。教师必须精选教材，以引起幼儿强烈的创作欲望。

例如，传统的幼儿装饰画教学，多半是在和幼儿讨论图案的排列或颜色的搭配，所选的教材不是桌布窗帘就是服装花布，甚至干脆让幼儿在一些图形纸上进行装饰。虽然幼儿也能在这些活动中创造出一些富有变化的图案，但由于题材与幼儿感情需要相距甚远，致使这些活动缺少生气。因此，有必要不断发掘既符合装饰画要求又能给幼儿充分审美感受的题材。

【实例一】 小动物的运动鞋

目标：引导幼儿运用左右对称的方法选择图案和色块进行装饰。

教师创设了这样一个情景：动物幼儿园开运动会，小动物们都买了白色的运动鞋。可是，午睡起床时，谁也分辨不清哪双鞋子是自己的。教师通过指导幼儿分辨小松鼠鞋上左右对称的图案和为小白兔选一双鞋子，使幼儿对左右对称装饰有了初步的了解，接着教师又提出帮其他动物朋友在鞋上作记号的建议，引导幼儿进行创作。

【实例二】 太阳帽

目标：初步学习在圆形纸上运用——间隔的方法进行装饰。

教师为每个幼儿准备了一项可以戴的纸帽，又虚构了一个裁缝奶奶的角色，在等待裁缝奶奶一次次送来帽子中，引导幼儿逐步加深对运用间隔的认识；又制造了裁缝奶奶为送帽子累病了这一情节，唤起幼儿的同情心，使幼儿变等待裁缝奶奶送帽子为让奶奶好好休息自己做帽子。以上两个活动，不但使幼儿在探索装饰排列中体会到了美感，而且，动人的情节也使幼儿的感情得到了极大的满足。例如当幼儿戴着自己做的帽子走到裁缝奶奶"窗前"的时候，由教师扮演的裁缝奶奶从"屋子"里走了出来，表示裁缝奶奶一高兴，病就好了，也戴上帽子和小朋友们一起去春游。活动在充满温情的气氛中结束，给人一种意犹未尽的感觉。

四、知识经验的成长

在幼儿美术活动中涉及知识经验的有两个部分：一是有关美术的知识经验，即美术的技能技巧和表现形式，这是大家普遍关注而且很早就被重视的；另一个部分是幼儿对周围生活的知识经验，即幼儿在自己的作品上着意表现的内容。这两个部分在幼儿时期是没有分化的。富有感情地表现自己的个人感受在幼儿美术活动中永远处于主导地位，幼儿如果没有对表现个人情感的强烈要求就没有学习技能的愿望，这是幼儿美术学习和成人完全不同的地方，也就是每个幼儿都能被称为小画家而成人却很难成为大画家的主要原因。因此，教师必须尊重幼儿的特点，在美术活动中正确处理题材和技能之间的关系，在每一个具体的活动中必须将两者融为一体，将引导幼儿充分感受情节内容作为引发创作动机的主线，使有关技能的讨论成为幼儿表现自己对题材的体验的手段。

【实例一】 小熊过桥

目标： 继续学用图形组合的方法表现物体的基本部分。

过程（1）：先观察小熊的特征，再讲小熊过桥的故事。

过程（2）：先讲小熊过桥的故事，再观察讨论熊的特征。

前者幼儿始终沉浸在故事情景中浮想联翩，不但画出了熊的特征，而且还按照自己的想象画了许多帮助熊过桥的朋友。有的孩子画直升机放下绳梯；有的画超人赶来救助；还有的画水里的鳄鱼来当船帮助小熊等等。后者幼儿却在为画熊而画熊了，很少创造出其他形象。显然，幼儿原来被故事情节点燃的创作热情，就在教师引导他们观察讨论熊的特征中被冲淡了。

……

（摘自李慰宜著：《2—6岁儿童绘画活动指导》，

上海社会科学院出版社，2003年）

■ **可供讨论的问题：**

1. 理解幼儿绘画时如何把握幼儿的知觉发展特征？如何恰当地评价幼儿的作品？

2. 美感与人的情感有什么联系？如何把艺术创作活动与情感表达联系起来？

3. 怎样理解技能与生活体验在艺术创作中的关系？

我的设计

设计意图：

在"花市"游戏中，孩子们根据游戏的需要，从家里带来了各种各样的花，有玫瑰花、百合花、向日葵，还有郁金香等等。这天，飞飞拿来了一朵塑料菊花。"咦，现在怎么会有菊花？""哎呀，这是假的！菊花是在秋天开放的。""它很像变小了的向日葵。""春天就没有菊花了吗?"孩子们的疑问让我意识到他们对菊花产生了兴趣,可当时并非菊花盛开的季节,组织以菊花为内容的活动合适吗? 几经考虑,我还是决定尝试。

对大班幼儿来说,探究菊花本身(形状、颜色、种类、用途等)已经不是他们兴趣的全部,他们会更多地关注菊花的寓意以及菊花与生活的关系。于是,我将一些对菊花本身的探究放在区域活动中进行,试图将幼儿已有的经验激发并呈现出来,同时有助于我充分观察幼儿,并适时抓住幼儿的需要进行经验的提升。

经过观察,我发现幼儿对菊花已经有了较多的了解,有的已经就菊花在生活中的用途作了一番调查,但是他们对菊花的寓意不甚了解。菊花是"花中君子",它在我们的民族传统中代表着"高风亮节",因此我想尝试利用它的寓意来揭示"向着每个人微笑"、"发现自己与朋友的不同,愿意看到别人的长处"等人性美。于是,我设计了一次集体活动,试图在情感上提升幼儿的经验。

整个活动注意给每个幼儿提供展现才能的机会。在活动开始部分,利用说唱的形式引入幼儿的经验,让他们在集体中分享自己在区域中发现的内容,使幼儿对菊花的形状、种类、用途等有较完整的认识,使个体的经验转为集体的经验。第二部分,引入插花游戏。首先,我提出插花要求:团队合作,共同商议。其次,提供幼儿自由表达的机会,让他们集体插花,并表现花朵的高低排列等,既展现他们的审美能力,又注意提升他们的语言及逻辑思维能力。第三部分,依据幼儿在第二部分的思考,我引导幼儿通过欣赏名画体会"向着每个人微笑"的含义,并尝试在修正自己的作品和从不同角度观察的过程中,理解名画的含义。

最后环节也可看作是延伸部分,因为幼儿的经验需要不断积累,仅靠一次活动是不能解决所有问题的,当然还要考虑到不同幼儿的个体差异。在这一环节中,我继续设计以小组为单位的绘大画活动,让幼儿尝试团队合作,在互动中看到每个同伴的长处。

目标:

1. 乐于参与各种形式的交流分享活动,从中了解菊花的一般特征和功用。

2. 感受并大胆表达"花儿总是向着大家笑,才会拥有这么多朋友"。

准备:

1. 事先与幼儿一起收集有关菊花的种类、颜色、形状、功能等信息,并将收集的内容组成"菊花是我们的好朋友"的创意画,呈现在活动区中。

2. 幼儿在活动区中制作的各种各样的菊花，由可乐瓶做成的花瓶四只。

3. 凡·高的名画《向日葵》，说唱用的背景音乐。

4. 各色广告颜料、画笔、调色盘、菊花若干盆、放大镜。

过程：

一、说唱：菊花和谁是朋友

根据音乐节奏用课件的形式随机呈现幼儿关于"菊花是我们的好朋友"的创意画，让他们用说唱的形式表现创意画的内容。（例如：菊花和水是朋友，喝足水呀长得壮，许多花瓣手拉手，就像许多好朋友。）

二、插花游戏：菊花找朋友

1. 分组插花。幼儿四人一组，边插花边商议怎样插才能使整瓶花看起来更加美观。

2. 交流分享。幼儿交流自己组的想法和插花经验，并给自己组的插花取名。

3. 欣赏名画。呈现名画《向日葵》，引导幼儿思考如何让自己插的花也能向着大家笑。（幼儿调整自己的插花作品。）

4. 教师小结。花儿总是向着大家笑，它才会拥有这么多的朋友。你们想拥有更多的朋友吗？那就像花儿一样微笑吧。

三、绘画：美丽的菊花

1. 将凡·高的《向日葵》布置在活动区，并放入新的名画《纪欧芙的花》，同时附上文字"当你仔细地看每一朵花时，你会发现很多很多"。另外，提供各种作画工具、放大镜、若干盆菊花，以便幼儿仔细观察，也为绘画表现提供丰富的素材。

2. 引导幼儿以小组形式合作绘画，可采用重叠法绘制菊花的花瓣。

3. 提升经验：你能像观察花朵一样地观察每个人身上的美吗？

（摘自郁青：《我的设计》，《幼儿教育》，2007 年第 10 期）

■ 可供讨论的问题：

审美对象之一是自然物，如何使幼儿体验到它们给人们带来的美感？如何引导幼儿在认识自然物特征的同时去欣赏自然的美，并表现这种感受？

19. 课程意识与开发能力

等待你发现的问题

1. "课程意识"与"教学意识"有什么不同？

2. 你是否感到除了集体教学活动，通过人际气氛、材料、榜样等非正式的渠道进行教育会让你感到"抓不牢"，对幼儿非正式学习的效果无法评估，因此把更多的注意力放在设计正式的集体教学活动上？应怎样处理集体教学和其他渠道的渗透性教育之间的关系，怎样"整合"幼儿的正式学习与非正式学习，实现教育的累积效应？

试试这样做

大课程意识及整体规划

1. 能将幼儿园中对幼儿身心的发展可能产生影响的一切因素都纳入课程规划的视野（教师个人行为、与幼儿的互动行为、班级规则及人际气氛、环境和区域设计、各种活动），进行立体规划，使各种因素相互沟通，在实现教育目标上形成整合和累积的效应。

2. 课程内容的来源不局限于现成的教材，把大自然、大社会都当成活教材，结合季节特点、地域文化特点和社会热点，充分利用各种人文、社会和自然资源开展活动（如访问人物、职业场所、收集自然物等），并结合目标进行筛选。

3. 着眼于各领域目标的平衡，深入挖掘主题和材料的多方面价值，把来源于生活的素材自然地与目标联系起来。

4. 不满足于活动形式上的热闹，而追求通过平实的活动过程促成幼儿的态度、知识、能力等在原有基础上取得进步。

利用幼儿评估辅助课程的设计和实施过程

5. 了解评估涉及的道德问题，谨慎地评估幼儿（如从家长、搭班老师那里多渠道、多个时间点收集关于幼儿的信息），以发展的眼光捕捉幼儿的变化，不给幼儿贴标签，避免评估过程和结果对幼儿造成伤害。

6. 运用适当的、目标明确的评估工具，运用观察、交谈、作品分析等方法，收集幼儿自然状态下的表现，做系统的记录（如建立发展档案），对幼儿的兴趣、需求以及在各方面的发展状况进行分析。

7. 在规划或改变班级各方面"课程要素"时，将每个幼儿的评估结果考虑在内，使各方面"课程要素"适合幼儿的发展水平，并有一定的挑战性。

吸纳幼儿参与课程的计划，使课程个别化

8. 保持对幼儿不同兴趣和需求的关注，善于发现幼儿喜欢的、感兴趣的事物和偶发事件中隐含的教育价值，随机地进行教育，或者引申成正式的活动。

9. 使预设的课程有弹性，不仅是一日活动在时间上的弹性，还包括每个活动的设计都要考虑在哪些方面放手给幼儿自己做或让幼儿选择，为根据幼儿的兴趣需要和不同发展水平而调整或改变课程留有余地。

10. 允许并鼓励幼儿参与主题活动的计划，提供丰富、层次多样的材料和活动（目标和方式），并给幼儿机会进行自主选择。

11. 不对所有幼儿有千篇一律的目标要求，允许不同长处的充分发挥和深化，但注意弥补幼儿发展上的缺陷。

案例

主题建构的基本条件

《上海市学前教育课程指南（试行稿）》提出了幼儿园以主题活动的方式呈现学习活动。为使《指南》中的课程理念在操作层面上展开，2000年我们开始着手编写《学习活动》教师参考用书。我和许多青年教师一起，结合不同幼儿园的

教育实践，对主题的建构进行了一些探讨。

开始实施主题活动的时候，一些教师把教师预设和幼儿生成对立起来，片面地认为凡是教师预设的内容都是灌输，只有幼儿生成的内容才适合幼儿的需要。每当问及主题产生的来源时，他们总是迫不及待地解释："这不是我想出来的，是孩子自己想的。"经过几年的实践和研究，我们发现一个主题的产生和发展不可能绝对地单由教师预设或幼儿生成，它是一个师幼共建的过程，大都须具备以下基本条件，现以大班主题"我是中国人"为例加以阐述。

1. 主题的价值

在幼儿园里，幼儿时常会生成许多热点问题，但哪些可以作为主题开展活动呢？这取决于教师对主题的价值判断。就"我是中国人"这个主题而言，有的教师说，现在有的幼儿连北京天安门都不知道，可国旗和国歌却很早就知道，这样的主题是否还要做呢？

经过讨论，我们觉得热爱祖国不只是认知的问题，更是一个民族感情的问题，这是一个民族具有凝聚力的基础，是每个中国孩子必须接受的教育。开展这一主题不但要使幼儿知道我们都是中国人，了解我们国家的文化特色、风土人情、习俗风貌，更要使幼儿萌发爱家乡、爱祖国的感情，为自己是一个中国人而感到自豪。鉴于以上考虑，我们认为幼儿园应该选择这一主题。

2. 幼儿的年龄特点和经验水平

一个主题活动，如果只有教师的主观愿望，而没有幼儿的积极参与，就无法持续地发展，它的价值也就无法体现。幼儿的参与程度必然与他们的年龄特点及已有经验水平有着密切的关系。许多教师将"我是中国人"这一活动安排在国庆节或春节前后进行，就是考虑到这一时段除以上节日外，还有中秋、重阳、元宵等许多富有民族文化特色的节日，幼儿容易在周围环境的影响下获得大量的直接经验。

有些教师提出这一主题可在国庆节前后集中做，春节前后延续做，其他时段渗透做，都是考虑到幼儿能否积极参与。另外，小年龄幼儿大都关注节日的热闹气氛，更适合进行体验活动，而有关国家、地域、民族等比较抽象的概念则更适合大班幼儿的思维特点和探索需要。

3. 周边的环境资源

教师参考用书《学习活动》与过去教材的最大不同就是不作刻板规定，不要求教师按部就班地做，而是作为一个操作平台，鼓励教师按照本地区、本园、本班的具体情况灵活使用，给教师和幼儿提供了更大的活动空间。

比如"我是中国人"这一主题，教师参考用书向教师提供了"北京天安门"、"了不起的中国人"、"旅行去"、"多彩的民间活动"、"欢腾的国庆"等相关内容与要求，教师可选取其中的一个内容或多个内容的一部分重新组合。

就上海的具体条件来说，各幼儿园周边环境有很大的差别。过去，我们往往按照教材统一安排的内容进行活动，有时不得不舍近求远，郊区的教师带着幼儿往市区跑，市区的教师又带着幼儿往郊区奔，虽然做得很累，但并不能取得好的效果。在实施主题活动的过程中，我们发现整齐划一的教学安排不可能适合所有的幼儿园，只有从每个地区的特点出发，充分利用周边的有利于主题开展的环境资源，才能贴近幼儿的生活，使活动取得实效。

例如，卢湾区地处上海中心城区，淮海路、城隍庙等上海著名旅游景点就在附近，幼儿有许多机会接触上海艺术节、旅游节等节庆活动。为此，我们以"逛逛城隍庙"为基本内容，结合上海的地方节日开展下列活动：

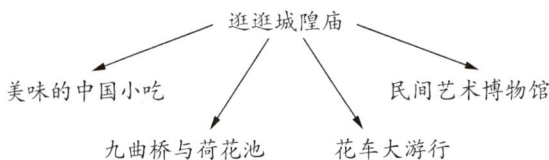

```
                    逛逛城隍庙
        ┌──────────────┼──────────────┐
   美味的中国小吃                    民间艺术博物馆
            九曲桥与荷花池   花车大游行
```

又如，居住在虹桥开发区的大多为白领阶层，文化层次较高，与外界交流的信息量也较大。"神舟六号"发射期间，孩子们非常关注此事，自发组织了许多活动。于是，我们就以"了不起的航天人"为切入口，结合中国传统节日开展下列活动：

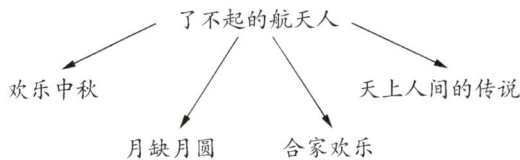

```
                    了不起的航天人
        ┌──────────────┼──────────────┐
   欢乐中秋                        天上人间的传说
            月缺月圆      合家欢乐
```

再如，浦东新区的北蔡地区外来务工者和当地农村居民较多，孩子们与外界接触的机会相对较少。我们就根据幼儿来自不同地区这一特点，以"在地图上找一找自己的老家在哪里"为切入口，结合幼儿亲眼目睹的浦东新区新貌开展下列活动：

好大一个家

我们的家在中国　　　　　　我爱北京天安门

各族朋友来相会　欢迎你到浦东来

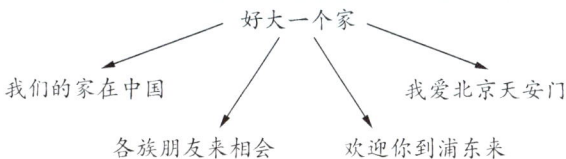

以上几个活动由于主题贴近幼儿生活，周边环境都成为主题开展的有用素材，大大提高了幼儿学习的积极性、主动性和有效性。例如，幼儿在观看花车游行后，开展了一系列幼儿园旅游节活动，从设计花车到制作花车，从排练花车啦啦队到编讲演说词，人人参与并发挥了各自的特长。其间，曾有幼儿觉得教师提供的花车音乐不太合适，就从家里找来许多音乐磁带，大家一起挑选，直到满意为止。在幼儿的热情鼓动下，一些平时不太关心幼儿活动的家长也积极加入，家园合作得到了体现。

4. 教师的特长

在主题活动开展的过程中，许多教师发挥了自己的特长，如，有的教师能歌善舞，就和幼儿一起扮演花车游行中的啦啦队、舞蹈队成员；有的教师心灵手巧，就和幼儿一起绘画、制作，把活动室装点得绚丽多姿；有的教师十分熟悉儿童图画书，就适时地为幼儿提供丰富的阅读材料，扩大了幼儿的视野，激发了幼儿的想象。

几年的实践和研究使我们体会到，教师的特长的确是推进主题活动的重要资源，每一个教师都应充分利用自己的特长参与到主题活动中去，从而使主题活动进行得更加有声有色。

（李慰宜：《主题建构的基本条件》，《幼儿教育》，2006 年第 1 期）

■ 可供讨论的问题：

建构主题课程可以从哪几个方面考虑？它们之间有没有优先顺序？

游戏是幼儿生成的"主战场"（节选）

……

引发：建构"游戏"与"学习"互通的桥梁

对幼儿的诸多需要缺乏自觉的关注，对幼儿的生成活动缺乏价值判断，错失教育契机，在回应时往往会研究、预设大量的教学游戏，而很少考虑他们真正关注的热点问题及游戏需要，这是教师在游戏指导中普遍存在的问题。在教育实践中，我不断地反思、总结，发现仅仅关注幼儿游戏中的生成活动是不够的，还应在面向全体幼儿的基础上，根据发展目标进行价值判断，并通过创设环境开展多种形式的师幼互动，建构"游戏"与"学习"互通的桥梁。我尝试从以下两方面入手，回应幼儿游戏中有价值的生成活动。

1. 游戏过程中的及时回应——顺应兴趣，分享和提炼经验。（略）

2. 游戏结束后的预设调整——结合课程，将其延伸为教育活动。

还以上述游戏为例。游戏结束后，我分析了幼儿的行为，发现孩子们对名片很感兴趣。我意识到其中的价值，便决定利用我在游戏中收到的几张"名片"，引领幼儿探讨名片有什么用途，从而使他们理解名片的特点和作用。同时，我还结合课程要求，引导幼儿比较自己和他人的不同，鼓励幼儿为自己做一张名片，从而走入"我自己"的主题。

分析我班幼儿的游戏主题，我还发现关于交通工具的主题约占43%，这些主题是绝大部分孩子的最爱，我何不顺应他们的爱好，引领他们进行更深入的探索呢？于是，我将有关交通工具的信息加以整合，设计了集体活动"交通工具比快慢"来回应孩子们的兴趣，从而走入"我们的城市"的主题。

根据我班幼儿的年龄特点，他们关注的主题"小学"也非常具有回应价值。于是，我结合"我要上小学"的主题，在以后的游戏中引导他们熟悉、了解如何爱护和正确使用学习用品，逐步学习独立整理和保管自己的物品，鼓励孩子们模拟小学生的生活，初步感受小学生的学习活动，并意识到自己已经长大，准备愉快地迎接毕业。

教师不应仅仅成为与幼儿一同玩耍的伙伴，而应不断地在幼儿兴趣和教育价值之间作出判断，并根据幼儿的自发兴趣确定"最近发展区"，在确保幼儿主动活动的前提下，积极为幼儿创设共同活动和学习的空间，引发更多有意义、有价值的活动，使它们更贴近幼儿生活，更符合幼儿的原有经验。这样的回应能有效地将幼儿个别的生成活动引发为小组或集体的活动，引领幼儿共享经验及互动，并从中提升幼儿的经验，发展幼儿的能力。

（摘自徐则民：《游戏是幼儿生成的"主战场"》，《幼儿教育》，2005年第4期）

■ 可供讨论的问题：

如何使课程各组成部分有机地联系起来，使幼儿各方面的经验连绵不断，从而产生教育的累积效应？

多姿多彩地开展主题活动

《学习活动》教师参考用书已经用了五年了，其中的主题内容为我们顺利开展活动提供了丰富的资料。经过几轮实践，我发现同一主题活动在不同时期和不同孩子中，开展的情况是全然不同的。

9月中旬的一天，我想通过故事《猜猜我有多爱你》与新带的大班孩子彼此亲近。听完故事，孩子们被兔子最后的话语所打动并产生共鸣。一个男孩对身边的伙伴说："猜猜我有多爱你？我爱你从上海到青岛。"身边的伙伴说："我爱你从上海到苏州。"男孩说："我爱你多。"伙伴说："当然我爱你多。"

两个孩子议论的话题立刻成为大家的问题："那要看青岛远还是苏州远……""是啊，看地图吧……""看中国地图……"于是，我找出大幅的中国地图，挂在活动室的墙上。孩子们找出青岛和苏州，比较着它们的远近，表达着到底谁爱得更多一些。

孩子们站在地图前纷纷指出自己去过的地方，并说了一些趣闻轶事，就这样"到中国各地去旅行"带领我们一起走进了"我是中国人"的主题。以往我们通常借助10月的节日或赛事的社会背景进入这一主题，而这次仅仅借助了孩子们对故事的议论。

所以，借用社会资源开展主题也好，利用孩子的情感共鸣进入主题也罢，我们都能比较轻松顺利地完成主题活动。因为社会资源让孩子积累丰富的知识经验，情感共鸣则让孩子有饱满的学习热情。

如此，一百个孩子应该会呈现一百个主题开展的形态，不同的时期也应该会呈现不同的特殊背景来引发孩子产生情感共鸣。

如主题"我是中国人"，我们通常通过北京、长城和中国的地大物博等内容的呈现来使孩子体会中国人的伟大。而今年，我国的"神舟六号"飞船上天，连续三天的媒体转播和全国人民的倾情关注，使我们好好地利用了这一特殊的社会事件和背景。孩子们沉浸在对丰富信息的感受中，轻松自然地进行了"了不起的中国人"的活动，深切地体会到了中国人的伟大。

我们如果能够敏感地捕捉社会发展进程与教育目标之间的联系，就可以在不同的社会背景中，让孩子通过体验获得不同的经验，开展主题活动，轻松主动地进行学习。

这样，一百个孩子就会有一百种进行主题活动的方式，每一个场合都会是一个供孩子以不同方式学习的特殊机会。

初秋的阳光照着公园里秋游的孩子，孩子们发现草地上清晰的影子，便相互追逐起来。我拿出早已准备好的粉笔，让孩子们仔细地在地上描画同伴影子的轮廓。我说："比比看谁的影子长。""你们觉得应该怎么比？"孩子们忙碌起来……一会儿，他们想到了量一量。

接着，孩子们开始分别用手、用脚、用饼干盒、用树枝测量，在一次次的思维冲突中，他们渐渐明白了"要首尾相接量"、"要用同一种东西量"、"使用同一种测量工具测量才可以比较"等知识。在秋高气爽的时节，我们以非正式的学习方式进行了"我自己"主题中的"我的影子"的活动。

同一主题活动内容，无论采用正式的还是非正式的学习方式，只要环境和场合符合孩子的学习情绪，都可以灵活、有效地开展。

我们应该在不同的生活背景下，根据孩子的不同生活经验，和孩子一起多姿多彩地开展主题活动。

（摘自应彩云：《多姿多彩地开展主题活动》，《幼儿教育》，2006 年第 1 期）

■ 可供讨论的话题：

如何在不同的生活背景和孩子不同的生活经验之下，去把握走入主题的契机，"殊途同归"地达成教育目标？

20. 与家长建立合作伙伴关系

1. 促进幼儿园和家庭在教育上的相互衔接，对幼儿学习和生活经验的连贯性有什么样的好处？家长和教师这两位幼儿的"共同抚育人"为什么要成为合作伙伴？

2. 家长参与幼儿园的工作是否会令你紧张？从长远看，家长不断深入地了解你的工作是会妨碍还是会增进你们之间的相互谅解，是否更容易避免家长"道听途说"那些关于幼儿园的传闻而心生疑虑？

3. 怎样让家长感到充分参与到合作工作中来是很有意义的，不是在浪费时间？

试试这样做

了解家长需求

1. 理解家长在育儿经验上的差异，设身处地地理解家长的心情和需求，理解家长的偏爱心理，并与家长沟通教师角色和家长角色的不同，① 即教师应公平对待每个孩子，以平等和尊重的态度与家长交换对于他们孩子的评价和期望。

2. 不是单方面地要求家长配合教师，也不是单方面地迎合家长，而是主动与家长沟通幼儿园的办学思想和教育目标，征询家长对此的意见建议，就共同抚育幼儿的教育理念达成共识。

---

① 在这方面，可以参考丽莲·凯茨的《教师与家长角色的差异》，载《与幼儿教师的对话——迈向专业成长之路》，南京师范大学出版社，2004 年。

支持家庭教育

3. 理解家长在处理工作、家庭关系和育儿上的难处，同时告知家长，家庭中哪些因素可能影响幼儿的发展，鼓励家长更好地安排家庭生活，给予自己孩子必要的关心。

4. 针对个体幼儿，帮助其家长理解幼儿的行为和想法，给家长提供具体可操作的方法，帮助家长与幼儿顺畅地沟通和互动。

5. 帮助家长寻找与幼儿共享时光的方式，与家长分享幼儿在日常家庭事务和常规活动中可以进行哪些学习的信息，给家长提供一些能在家里与幼儿一起进行的活动与材料（如组织亲子活动，并与家长讨论活动过程中幼儿的表现，帮助家长认识到幼儿的兴趣和喜好）。

6. 围绕一定的专题组织家长沙龙，引导家长交流育儿心得，拓展家长的育儿视野（如小范围的家长会、利用网络的论坛）。

7. 为家长提供与育儿有关的卫生服务、社会服务、法律服务和其他资源的信息，在家长需要时，帮助家长与这些部门联系。

鼓励和帮助家长参与幼儿园教育

8. 运用多种方法，如家园联系栏、简报、网络讨论平台、成长档案、作品展示等，让家长充分了解自己孩子的在园表现，有机会对教师进行的幼儿评估、设计的教育目标、计划及个别化的教育措施提出建议，吸引家长参与幼儿园课程建设。

9. 为家长或其他家庭成员提供机会，在幼儿园课程中分享他们的才干（如组织"家长老师"的活动，帮助家长设计和组织某专题的活动）。

10. 组织班级家委会，并制订工作规章，使所有家长对班级事务都有发言的渠道，并能得到认真的反馈。

案例

思路一变天地宽——提高家长家园合作参与性侧记（节选）············

如何做好家园联系工作，提高家长参与教育的主动性，是我们一直在探索的问题。在实践中我发现，做家长工作时，教师一定要善于站在家长的角度来考虑问题，改变自己的工作方式，搭建适合于家长的家园联系桥梁。

变理论指导为具体示范

举例：班上有个女孩，十分内向，不善于交朋友，在集体场合不愿意讲话，家长注意到这个问题，来问老师，怎么能让女孩变活泼、大方一些。老师提出了几点建议：多带孩子出去，给她和同伴一起玩的机会，家长以身作则，在社会交往中主动热情，让孩子学会讲几个故事，让她到幼儿园来讲给同伴听等等。家长回去实行，过了一段时间，发现成效不大。

分析：首先，孩子内向是性格问题，是在长期的生活中形成的，父母、老师的主观努力虽然使其有了一些改变，但不能很好地激发女孩的主动性。另外，父母毕竟不是专业的教育工作者，在具体实施老师的提议时往往不得要领。

我的做法：在班上组织开展了"星期日朋友"活动：我发给每位孩子一张调查表，请孩子在父母的帮助下写下自己好朋友的名字，老师再把好朋友的电话号码填在他们的表上，为他们建立起好朋友档案。然后开家长会，使家长了解此活动的方式及意图。孩子们在星期日轮流做客，去好朋友家玩，家长在家做好接待工作。同时，在班上设立"小主人"、"小客人"奖，鼓励孩子们文明交朋友。

效果：为了能和好朋友一起玩，孩子们十分地主动，他们打电话邀请朋友，并和父母商量好和好朋友玩的内容，当"小主人"时，孩子们都十分有礼貌，让父母们十分惊奇。对于这个活动，父母们都十分赞同，这不仅解决了"头痛"的休息日带孩子问题（几个星期带几个孩子活动一次，对他们来说还是乐意接受的），也拓展了孩子的活动范围（有的安排在家里玩，有的安排到户外游玩），更让孩子们在活动中增加了友谊，发展了能力，孩子们高兴，家长们放心。前面讲到的那个小女孩在参加了几次"星期日朋友"活动以后，好朋友变多了，她的温柔随和也让她得到了朋友们的表扬，拿到了好多次"小主人"、"小客人"奖，笑容多了，也更自信、大方了。

（摘自黄瑾：《思路一变天地宽——提高家长家园合作参与性侧记》，

《幼教园地》，2005 年 1、2 月下旬）

■ **可供讨论的问题：**

如何设计一些让家长参与进来的教育活动，实际地改变家长的育儿观念和行为？

家长沙龙——新式家长会

在传统家长会上，教师在讲台上照本宣读学期目标、教学安排等内容，像是演讲。家长则在下面枯坐两个多小时，充当聆听者。这样的家长会更像一个严肃、安静的报告会，很难解决家园合作中的实质性问题。

怎样才能真正发挥家长会的沟通作用，促进教师与家长间直接交流，使家长更好地了解孩子，掌握有效的育儿方法，并最大限度地参与到家园共育中来呢？

在一次家长会上，我们将这个问题抛给了家长，与他们一同讨论。家长们提出了不少建设性的意见。圆圆妈妈还倡议创建一个"家长沙龙"，不定期地组织一些互动式、开放式的家长会。这种家长会可以在园内开，也可以在园外开；让家长唱主角，携带幼儿参加，并请教师作指导；通过活动或讨论，家长能得到一些启示和帮助。这个倡议得到了全体家长的响应。于是，"家长沙龙"诞生了。家长们还在《家长沙龙计划书》中就创办目的、组织形式、运行模式等作了详尽的规定。

● "家长沙龙"的目的

配合幼儿园教育；增强家长间的交流与沟通；帮助幼儿适应群体生活；帮助家长了解孩子，增进亲子情感交流。

● "家长沙龙"的组织形式

1. 每月的第一个星期天召开家长"碰头会"，因地制宜地就家长在孩子成长过程中遇到的问题展开讨论。

2. "碰头会"上确定每月一次的大型（全体）户外亲子活动的内容，详细制定活动的主题、时间及分工。

3. 建立班级花名册，将住得较近的家庭编成一组，以小组为单位进行日常交流与沟通。

● "家长沙龙"的运行模式

活动由家长自愿参加，活动内容由大家讨论决定，活动组织者由家长轮流承担。组织者预先设计好活动计划，供大家讨论、修改。

"沙龙"从创建到运转，每一项具体事宜都由家长们自己完成，教师更多的是参与者、倾听者、参谋，为家长间的联络搭建桥梁，解答家长的疑问。如有一次，家长们就"孩子在家吃饭慢"的问题展开了讨论。丁丁妈妈说，为了让孩子专心吃饭，她以身作则，吃饭时不看电视；棒棒妈妈使用"以物换物"的方法，若孩子吃得快，就奖给孩子一个小礼物；涵涵妈妈无计可施，只能跟随孩子边哄边喂。教师建议家长注意培养孩子的进餐习惯，多鼓励和表扬。"沙龙"活动结束后，教师设计了一张"乖宝宝吃饭表"，让家长每天观察、记录孩子吃饭情况，吃得快就在表格上贴上一颗五角星，每周五让幼儿将表格带回幼儿园，教师看谁有进步就给予表扬。家园合作大大提高了教育效果，孩子吃饭慢的问题有了明显改善。

零距离接触与多角度参与，使家长获益匪浅，也使我们发现家长身上蕴藏着丰富的教育资源。去年圣诞节前，我们开展了"新年"主题活动。在每月一次的"碰头会"上，家长们为如何开展新年活动献计献策。林林妈妈说可以搞化妆舞会；帮帮妈妈说可以带孩子到大街上感受节日气氛；睿旖妈妈则提出搞"装扮新年树"活动，家长们都十分赞成这个计划。他们热情地搜集材料，在圣诞节那天走进幼儿园和孩子们一起装扮新年树。在家长的配合下整个活动热闹、有序，开展得非常顺利。这让我们认识到"家长沙龙"不但能解决家庭教育中的问题，也为我们更好地利用家长资源开拓了思路。

在几次"沙龙"活动以后，"沙龙"的优势突出表现在以下几个方面：

1. 教师与家长之间的沟通方式增多了，不再局限于接送孩子时的短暂交谈。"沙龙"还有利于个别化的沟通，由于时间充裕，教师可以针对每个幼儿不同的情况与问题，与家长共同商讨教育对策，达成共识。

2. 活动中，家长除了与教师沟通，更多的是家长之间的交流，因此家长常会有意外的收获。

3. 家长在活动中增加了与自己孩子的交流机会，同时通过接触其他孩子，促使自己更客观地看待自己的孩子。

4. 通过"沙龙"活动，幼儿之间的了解加深了，同伴关系更融洽了，也更乐意参与集体活动了。

从家长会上诞生的"家长沙龙"是一种新型的家长会。它灵活多样，一改传统家长会"一言堂"的单调，最大限度地挖掘了家长的积极性、主动性。

（摘自金丽丽、牛春燕、陆蓓玲：《家长沙龙——新式家长会》，

《幼儿教育》，2005 年 11 月）

■ 可供讨论的问题：

家长会中教师和家长各自的角色、地位是什么？

家长小组活动初探（节选）

一、建立家长档案，组建家长活动小组。

由于教育程度、职业、性格等因素的差异，家长对幼儿教育的态度及观念不

同。幼儿园要想与各类家长都进行有效合作，就必须了解家长的需要及教育观念，根据家长的个体差异，有的放矢地开展家长工作。

建立家长档案能清楚地了解家长需要，分析家长的教育行为，为组建家长活动小组提供依据。家长档案的内容包括家长基本情况记录表（如家长的姓名、年龄、学历、家庭成员、工作单位等情况）、家长与教师交流过程中反映其教育观念的言行举止、家长参与幼儿园活动情况、家长提的建议、家访记录、家长问卷、亲子作业等。其中家长问卷包括一般性问卷和特殊问卷。一般问卷主要以征求家长对幼儿园各项工作意见为主；特殊问卷则是教师根据特定目的专门设计的问卷，如家长性格、教育观念等问卷。

家长档案建立后，教师就可以根据档案内容对家长进行分析归类，把家长分为不同的活动小组。如可分为关心幼儿园课程发展的家长组；关心幼儿性格养成的家长组；关心幼儿知识、能力培养的家长组；工作较忙，常由老人或保姆带小孩的家长组。分组后，教师就可根据不同类型家长的特点和需要有针对性地开展活动了。

二、挖掘每个家长小组的优势，发挥各家长小组成员互相教育的功能。

开展家长小组活动的目的是促进家园合作，提高家长对幼儿教育的主人翁意识。家长在家园合作中所处的地位是一致的，他们在幼儿教育问题上容易相互接纳、相互影响，因此，教师要挖掘每个家长小组的优势，发挥他们互相教育的功能。

（一）通过家庭联合活动小组，发挥家长团体的自我教育功能。

教师引导关心幼儿园课程发展的家长向其他家长介绍幼儿园的课程，宣传幼儿园的工作，使更多的家长理解幼儿园的课程，主动参与其中。同时教师还可引导积极的家长组织家庭联合活动小组。如把幼儿家庭居住较近的家长组织在一起，请家长在家组织幼儿共同开展生日会、小型游戏竞赛等活动。在周末引导家长委员或优秀家长组织各种家庭小组郊游、看电影、手工制作等活动。这样的活动一方面可以让家长们互相交流自己在培养孩子性格、知识、能力等方面的经验，以及对幼儿园工作的看法等；另一方面，又可以创设幼儿共同游戏的机会，促使幼儿发现别人的长处，树立相互学习的意识。这就延伸了幼儿园的教育，使家长和孩子都在轻松、愉快的氛围中互相交流，起到家长团体自我教育的作用，也充分发挥了幼儿同伴群体的作用。

（二）利用辩论会、经验交流会、展示会等形式，使各组家长互相影响，帮助其树立正确的"家园共育"观念。

教师根据家园合作中的一些突出问题，组织各组家长展开辩论和分析。家长可以在各自观点的冲击中，明确正确的观念。如针对幼儿打架的问题，教师组织家长展开辩论。结果有的家长说"老师要教育打人的孩子不要打人"；有的说"教师每天带很多孩子，光靠教师一人教育是不够的，还要靠家长教育"；有的说"孩子之间打架是很正常的，如果家长把打架的两个孩子都当成自己的孩子，便会很好地处理此问题了"。家长们在辩论中达到了互相教育的效果。

教师还可组织家长召开各组经验交流会。如在小班开学初，请能较快适应幼儿园生活的孩子的家长介绍经验，或将他们撰写的经验交流文章张贴出来供其他家长参阅。还可请几个家长针对幼儿性格培养等问题，组成小组对全体家长进行团队式经验交流活动，使其他家长选择其中适合自己的教育方法。对于家长的教育方法还可邀请有关专家、行家点评，目的是使活动开展得丰富多彩，使家园合作更密切。

教师可利用展示会的形式，展示幼儿学习、家长工作的成果，让家长真切地看到自己的孩子在幼儿园的成长足迹，深入了解孩子的优点，从中学习一些新的教育理念。如此，能有效地帮助家长正确评价自己的孩子，提高家庭教育的能力，实现家园共育。

家长小组活动，使我园的家长工作更具针对性，为不同需要的家长提供了适当的帮助。同时，在活动中也涌现了大批热心家长，他们主动参与幼儿园的各项活动，并能积极主动地承担起教育其他家长的任务。

（摘自张丽红：《家长小组活动初探》，《学前教育研究》，2004 年第 6 期）

■ 可供讨论的问题：

1. 如何了解家长的不同需求，有针对性地指导家长？

2. 给家长提供一个互相交流育儿经验的平台与教师一个人给家长提供育儿指导有什么不一样？

香港幼儿园的家长委员会

兰姆斯等人提出一个家长参与幼儿园教育的五层架构：第一层是知情，第二层是应邀参与活动，第三层是与园方对话及参与讨论，第四层是提出意见与观点，帮助决定与幼儿有关的事项，第五层是参与决定，与幼儿园并肩担负起幼儿园运作的责任。

此五层架构可用作分析本园家长参与的模式。首先是以班级为基本，主要是将幼儿园信息知会家长，帮助家长了解教师的教学理念，扩展孩子的学习领域。第二层面是鼓励家长应邀参与幼儿园举办的活动，幼儿园常常在园内或班级中举办不同的活动、讲座、成长课程，并且支持和鼓励家长参与加入义工团体，例如课程义工、图书管理义工、游戏义工、园艺义工和活动义工等。第三层面是与园方对话，家长可担任班级家长代表，参与园务讨论。第四层面是提出意见与观点，帮助决定与幼儿有关的事项，家长根据个人的时间安排，担任班级亲师会的召集人及家长代表等，以分工方式协助教学，举办活动。最后的层面是邀请家长进入幼儿园家长会（与内地的家委会类似），担任委员、副会长、会长及各项委员代表，共同承担教育参与权的职责，参与决定，与幼儿园并肩负起运作的责任。

本园低层次的家长参与最多，一般家长偏重知情。越往高层，则参与越少，家长参与的程度并没有发展到参与幼儿园的运作及监管园务的层次上。

于是，本园开始提高家长参与度的层次。香港幼儿园家长会在园长及全体教师的支持与配合下，达成了非常良好的互动关系，一致为幼儿的受教及成长努力，并显现出良好的成果。大部分家长支持幼儿园落实办园理念，达成幼儿"德智体群美"五育均衡发展的目标，按能力分组学习，并实施适才适教的教学方式，达致全方位学习精神，其间家长均乐于参与幼儿园各项活动，例如亲子公园乐、圣诞聚餐运动会及毕业典礼等。家长亦会参与幼儿园园务会议及课程发展等运作，落实每次家长委员开会讨论事项，包括预算编计与执行及幼儿家长问题之处理等，例如家长会参与幼儿园营养午餐及采购物料等作业，使制度公开透明。此外，大部分家长都愿意推动幼儿园辅导问题幼儿及参与讲座等活动。我们可从幼儿园行政、教师及家长三方面分析成功合作的原因：

在幼儿园行政方面，幼儿园肯定家长会参与教育的功能，乐于配合，例如提供家长会硬设备，设立家长会资源角等设施，支持并配合家长会举办的各项活动，使幼儿园与家长会之间行政运作透明化。

在教师方面，教师开放胸襟接受家长参与教学，以维护幼儿学习权，教师乐于协助家长会的活动，例如举办义卖、亲职教育、管教支持、家长成长班及义工等，虚心接纳家长会对教学上的建议。

至于家长方面，家长参与幼儿园教育乃为保障幼儿之学习权，并维护家长之教育参与权，故此他们乐于以"组织形式"参与事务，以免造成"个人形式"下的特权及不客观等。

（摘自陈洪基、莫宝珠：《香港的幼儿园—家庭合作简介》，

《教育导刊》，2004年8月下）

■ 可供讨论的问题：

如何使家委会成为参与决策班级日常工作的组织？

21. 推进整个专业领域的专业化进程
（可根据自己的职位选择工作重点）

等待你发现的问题

1. 除了带好本班的幼儿以外，关心更多幼儿的处境和发展是否也是幼儿园教师的"份内事"？

2. 通过什么渠道，可以与同行、家长团体或其他人一起，为更多幼儿的更好发展做些事？

试试这样做

为同事、同行提供情感和专业支持

1. 主动了解新教师和其他同事的个人需求和专业发展需求，理解他们的困惑，乐于针对其需求为他们提供专业帮助或心理支持（如以平等谦和的态度对待新教师，认可他们的努力并在其遇到挫折时给予心理上和专业上的支持；对保育员进行保育中教育因素的培训；作为斡旋人协助处理园内同事之间或同事与家长之间的冲突），协助管理层为教师成长积极创设条件。

2. 带动形成团队，促成园内良好人际氛围和学习、工作氛围的形成（如主动与同事分享自己收集的信息资料和收获心得），给自己所在幼儿园的管理提建设性意见。

3. 通过专业组织或其他渠道，将自己的思想、经验介绍给更广泛的同行群体。

4. 将自己的优秀教案、有价值的心得、专题研究结果公开发表。

发起或积极参与研究、改革和开发

5. 通过参加专业组织的研讨会或网络博客等途径，寻求与持不同观点的同行进行对话，以解决观点上的分歧，深化专业领域的知识和见解。

6. 通过专业组织（如幼教研究会、教师协会等）的渠道，积极参与课程和管理改革政策的制订、改革推行的过程，结合本园和本班的情况，因地制宜地研究如何贯彻改革的理念。

7. 经常了解相关教研和研究机构关注的研究课题，积极参与其中，贡献自己的智慧。

向公众和政策制订者宣传幼儿特点、权利和教育

8. 在有关幼儿的事务上与其他幼儿工作者合作，成为维护幼儿权利的积极力量。

9. 认识到幼儿家庭所处的社区中可能影响幼儿发展的因素，寻找渠道向社区宣传幼儿发展和教养的知识，与同事一起以有组织的形式，对社区改善不利于幼儿发展的环境提出建议。

10. 与其他专业人士和家长一起，寻找有效的策略（如撰写调研报告或提案、参加提案征询会等），就幼儿与家庭的需要与政策制订者或立法者进行沟通。

11. 利用各种形式的媒体，向公众宣传幼儿期的特点、保护幼儿权利的法律，破除社会上的育儿陋习，呼吁改变不利于幼儿发展的社会环境。

案例

从教师到园长

从我做园长的那天起就下决心，办一所优质的幼儿园，培养一批优秀的教师，来保障孩子们的发展。

⋯⋯

（二）优化培养机制，打造优质团队

师资队伍建设是教育发展的重中之重，为了努力培养一支年龄结构合理、层次结构优化、教育技能扎实、师德修养良好的师资队伍，我们用系统的思维方式来思考教师的发展，形成了《长宁实验幼儿园教师培养方案》，为打造优质团队提供了制度保障。

1. 弘扬师德，夯实精神素养

我园注重教师师德风范培养，运用多种形式对教职工进行师德教育。如组织教师学习《长宁区教师师德规范要求》、《上海市中小学教师守则及实施意见》，讨论制定了《长宁实验幼儿园教师形象要求》；每学期都要进行主题征文和演讲活动，举行长宁实验幼儿园师德三佳的评选。通过该活动进一步弘扬敬业爱生、无私奉献的精神，树立长宁实验幼儿园教师良好的师德形象，推进幼儿园的师德建设工作的深入开展。

2. 建立成长档案，促进个性发展

为了能把教师在日常教学中有价值的东西保存下来，再现教师的成长轨迹，我们与教师一同建立了教师个人成长电子档案，引导教师们将自己的发展规划融入成长档案之中，使档案积累与规划目标相吻合。引导教师将自己日常的教学设计、反思，对孩子的观察解读，与家长的交流等方法记录下来。教师成长档案的建立，有效克服了教师消极写计划、做记录的现状，真实记录了每位教师发展过程中的成长轨迹，激发了教师积极向上的热情，激起了教师自身学习、自我完善的紧迫感，形成了自主、创新、竞争、超越的发展氛围。

3. 开展园本培训，优化整体素质

园本培训是我园促进教师专业发展的一个有效途径。改革的动态，幼儿园的研究成果，教师在教学实践中遇到的问题，都是我们培训的内容。这些年我园针对教师在二期课改推进和新教材使用过程中碰到的一些共性问题，进行了大量的探索。我们确立了相关的，可供选择的培训课程；采取了适合一线教师由理念转化为实践的培训方式，力求通过培训，切实帮助教师解决在课改实践中遇到的问题和困惑，使每位教师在参与中获得发展。

4. 拓展多种途径，促进专业成长

我园充分挖掘我园特级教师、区学科带头人、园内骨干教师的优质资源，在常规带教的基础上，不断拓展带教新途径，完善分层带教机制，为不同层次的教师发展开展多层次、多专题的带教活动。如德才兼备的骨干教师带教新教师；园内骨干教师领衔各专业发展小组，在共同研究中进行带教；区学科带头人通过双向选择，带教愿意学习、乐于反思、有发展潜力的教师。各种带教活动深受教师的欢迎。我园对教师的培养还体现在为教师的专业成长搭设舞台，拓展学习空间，鼓励教师在教学实践中大胆创新，让教师在教学实践中接受锻炼，积累成长经验。我园还为教师提供外出学习的机会，开阔教师眼界，充实他们的知识结构。

......

（摘自周剑：《聚焦内涵发展　打造优质团队》，http://www.chneic. sh. cn/manager/news/data/20071108_463314/20071108_463314_59. htm）

■ 可供讨论的问题：

成熟型教师走向领导岗位，如何从更广泛的意义上思考"保障儿童的发展"？怎样给教师的专业发展提供支持？

专题分类：＿＿＿＿＿＿＿＿＿＿＿＿　　（记录日期：　　年　　月　　日）

会议名称：　　　　　　　　　　参会日期：　　年　　月　　日

对我有触动的观点或做法：

我与某人的讨论或争论：

需进一步查找的资料：

需要在我的实践中做的尝试：

尝试之后我的观点：

专题分类：＿＿＿＿＿＿＿＿＿＿＿＿　　　记录日期：　　年　　月　　日

书籍或文章名称：

来源：　　□浏览杂志　　□他人推荐　　□自己淘来　　□读书会共享　　□其他

值得品味的片断摘录或页码：

我的收获：

我的质疑：

需要在我的实践中做的尝试：

尝试之后我的观点：

专题分类：_____　　　　　　记录日期：　　年　　月　　日

令我有感触的寻常时刻：

我对这个经历的分析（对自己原来认识的修正、自己的成功经验、自己的失败经验）：

下一步的实践计划：

尝试之后我的观点：

专题分类：_____　　　　记录日期：　　年　　月　　日

儿童姓名：　　　　　　　　　　　　观察日期：　　年　　月　　日

引起我关注的表现：	
我对原因的解释（与年龄特征的比较；孩子的家庭环境、生活经验；班级环境中的影响因素……）：	
我与孩子本人、其家长、其同伴等人的互动计划：	
孩子是否有变化及原因分析：	

资 源 类 别	名称或地址	添加日期	更新或删除
可以关注的专门领域研究人员			
值得定期访问的网站			
我的参考书			
我的交流圈子			
其他资源			

裁切线

后　记

　　《幼儿园教师成长手册》是建立在"上海市幼儿园教师专业发展自我评价体系研究"课题研究的基础上编写完成的。来自不同岗位的幼教专业人员对课题作了深入的研究，有来自华东师范大学学前教育学系的周兢教授、郭良菁博士和姜勇博士，还有来自学前教育第一线的园长、教研员与教师，她们分别是松江区教师进修学院唐晓晴，闸北区芷江中路幼儿园郁青，维华幼儿园浦东世纪园石文华，黄浦区荷花池幼儿园张红，市教委教研室王菁，静安区南京西路幼儿园徐则民，闵行区教师进修学院倪冰，闵行区依霖幼儿园徐刚、李海红，徐汇区乌鲁木齐南路幼儿园龚敏等老师，课题组组长为周兢教授。

　　许多幼儿园教师参与了本手册在编制修订过程中实地使用的工作，并结合自己的实践提出了许多宝贵的修改意见和建议，使指标更贴近教育实践，更符合教师专业成长需要，更具有操作性。她们是（排名不分先后）：闸北区芷江中路幼儿园的金洁、张蓉、顾立群、乔艺、袁佳赟、孙怡杰、陈佳妮、吴菁老师；徐汇区乌鲁木齐南路幼儿园的周世烨、乐益融、陈怡、邓炯一老师；宝山区红星幼儿园的王瑞林、侯天莹、林丹红、陈翌菲老师；松江区方塔幼儿园的戴宏燕、周莉莉、张慧兰、朱有梅老师；洞泾幼儿园的汪蓓蓓、唐雨冲、王玉兰、蒋岚老师；岳阳幼儿园的周江萍、包慧婷、王绪、平佳琳老师；叶榭幼儿园的朱梅花、陈春香、王伟红、黄欢欢老师；泗泾幼儿园的张洁、蔡春梅、唐雨冲、朱宏清老师；松江区教师进修学院附属幼儿园的高瑛、俞亚蕾、毛晓蔚、潘磊老师；佘山幼儿园的张春芳、钱玉莲、宋伟琴、张琼雁老师；文翔幼儿园的钱玲华、胡惠萍、沈维纳、张晓芳老师；松江区机关幼儿园的诸益华、林琼、郑迪、徐丽丽老师；小昆山幼儿园的张美云、王智清、朱梅茜、蒋岚老师；荣乐幼儿园的金胤、蔡慧红、王玉兰、岳建英老师；石湖荡幼儿园的武敏、谢华萍、陈兰、吴红霞老师；维华（世纪花园）幼儿园的茅怡冰、马琳、沈晶晶、罗瑾璟、李金凤、沈佳琳老师；闵行区机关幼儿园的园长张喆老师，郁亚妹、徐晓菁、马建兰老师；佳佳幼儿园的刘时医、张佩敏、汤健、倪陈芸、郭丽娜老师；莘庄幼儿园的张耘、龚悦华老师；七宝中心幼儿园的方璟砚老师；依霖幼儿园的施烨烨、唐婷、左丽老师；荷花池幼儿园的鲍云琳、余晓琦老师；文庙路幼儿园的王英萍老师；华东师范大学附属幼儿园的张金陵、陶群文老师等等。乌鲁木齐南路幼儿园的周世烨老师对树形目录设计作出了贡献。

由于他们的辛勤工作和毫无保留的奉献，才有本手册的问世。此外，各专业杂志上幼教同行的经验也为编者提供了丰富的资源，在此，我们一并表示衷心的感谢。

最后，感谢华东师范大学出版社曹利群和赵建军老师为本书的出版所付出的辛劳。

2009 年 4 月